主任から校長まで
学校を元気にする

チームリーダーの仕事術

愛知県小牧市立小牧中学校長
玉置　崇　著
Tamaoki　Takashi

明治図書

はじめに

明治図書の杉浦美南さんから「本を書きませんか?」というメールが届いた。提案があった書籍名は『主任から校長まで　学校を元気にするチームリーダーの仕事術』というものだった。

「仕事術本は、世の中にいっぱい出ているのに…」

と思いながら、これまで購入してきた仕事術の本を改めて眺めてみた。ビジネス系の仕事術本は、教育現場では、いわゆる〝かゆいところに手が届く〟ものではなかった。一方で、教育系の仕事術本は、職名別に出されているとはいえ、あり方論的な記述が多く、最後まで読み通したものはなかった。

こんなことを考えつつ依頼メールを改めて見ると、「学校を元気にする」というフレーズが光り始めた。昭和五四年に教職に就いて以来、仕事を通して、元気な子どもたちを育てたい、元気な学校をつくりたいと思い続けてきたのは確かだ。

そうだ、自分の経験や先輩方の仕事ぶり、成功談や失敗談などのエピソード満載の仕事術本なら多くの方が手にしてくださるに違いない、よい本が手に入ったと喜んでいただけるに違いない、と思った。さっそく執筆快諾のメールを送った。

それから三か月。

帰宅して原稿書きをする毎日となった。楽しんで書き続けることができた。

幸いにも、自分のまわりには仕事人として誇るべき人が多数いた。

また今考えると、私のために意図的に失敗してくださったのではないかと思うほど貴重な教訓を提供してくれた人も数多くいた。この本を読み進めていくと、「我が校にもこういう人、いる、いる」とつぶやきたくなるに違いない。そういった方からもぜひ学んでほしい。

平成二七年三月

玉置　崇

目次

2章 職員のパフォーマンスを上げるリーダーの仕事術10

3章 職員のチーム力を上げるリーダーのスキル10

4章 役職別 学校のリーダーの仕事術

序章

「いい学校」とは何か？

❶「問題がない学校」などあり得ない

「いい学校とはどのような学校ですか?」

この問いかけに**「問題がない学校」**と答える教師がいる。保護者や地域の方ならまだしも、教師がこのような認識では心もとない。

世の中に問題がない学校は一つとしてないと言い切ってよい。そもそも「問題」というと、「生徒指導問題」だと勝手に解釈する教師が多い。校長や教頭の中にも「我が校は幸せなことにあまり問題がないので助かる」という人がいるが、問題を狭義にとらえ、安心しているようではチームリーダーとして情けない。

では、「いい学校」とはどのような学校なのか。それは、職員が気持ちよく働くことができる学校ではないだろうか。「職員より子どもがどう感じているかの方が大切だ」と、つっこむ声が聞こえてきそうだが、教育する側の教師がストレスを感じているのに、教育を受ける側の子どもが気持ちいいわけはない。

『いい会社をつくりましょう』の著者、伊那食品工業株式会社の代表取締役会長である塚越寛氏は、次のように述べている。

いい会社とは、単に経営上の数字がよいというだけでなく、会社をとりまくすべての人々が、日常会話の中で「いい会社だね」と言ってくださるような会社の事です。「いい会社」は自分たちを含め、すべての人々をハッピーにします。

経営にとって「本来あるべき姿」とは「社員が幸せになるような会社をつくり、それを通じて社会に貢献する」ことだと思います。そして売り上げも利益もそれを実現するための手段に過ぎないのです。会社を家庭だと考えれば、わかりやすいかと思います。社員は家族です。食べ物が少なくなったからといって、家族の誰かを追い出して、残りの者で食べるということはありえません。会社も同じです。家族の幸せを願うように、社員の幸せを願う経営が大切なのです。またそう願うことで、会社経営にどんどん好循環が生まれていくのではないでしょうか。

伊那食品工業株式会社は「かんてんぱぱ」という商品を製造販売している会社で、創業以来、連続増収増益の発展をしていることで有名である。この会社の会長が、いい会社とは「社員が幸せになるような会社」と明言している。「社員の幸せを願う経営が大切なのです。そう願うことで、会社経営にどんどん好循環が生まれていく」という言葉を、そのまま学校経営に当てはめたい。

「職員の幸せを願う学校経営は、学校にどんどん好循環を生み出す」

これは真理である。「リーダーは私たちのことを大切に考え、声をかけたり、励ましたりしてくれている」と感じる職員が増えれば増えるほど、リーダーのために一肌脱ごうという職員も増えるに違いない。

❷ リーダーの一言の大きさ

人が「気持ちよい」と感じるのは、どんなときだろうか。

学校組織の中では、すべてが自分の思うようにはならないことは、だれもが承知している。しかし、**思うようにならなくても気持ちよく働ける学校と、思うようにならないので気持ちよく働けない学校がある。**

その違いはどこから生じるのか。その大きな要因の一つが、リーダーの振る舞いだ。気持ちに寄り添い、納得できる道筋を示し、仕事を進めているかどうかで、職員の心情的な違いが生み出される。気持ちに寄り添う一言、パフォーマンスを上げるための仕事の段取りなど、気持ちを左右する要素は様々である。

私が教頭職だったとき、当時の校長から、正直に言うと納得できない依頼を受けたことがあった。それは「自分の代わりに原稿を書いてくれ」というものだった。もちろん、その原稿は校長名で出される。校長よりも自分の方が忙しいのに…という思いもある。しかし、上司からの依頼であり、「勉強の場を与えてもらった」と気持ちを抑えて、徹夜で原稿を書き上げて翌朝校長のところへ持って行った。もちろん、大いにほめてもらおうという気持ちを込めての校長室訪問だ。

その校長は、手渡した原稿にじっくりと目を通した後、こちらに目を向けて、

「あなたは、なぜこんなにも私の気持ちがわかるのだ⁉」

と、驚きながら言われた。私は思わず「ありがとうございます」と頭を下げ、校長室を出た。

なぜ自分がお礼を言ったのか。言うべきは校長だ。しばらくして気付いた。「なぜこんなにも私の気持ちがわかるのだ」という一言で、すべてを許すことができたのである。

リーダーの一言は大きい。

1章

職員の働きやすさはリーダーの仕事にかかっている

❶ 学校の職場環境は本当に悪化しているのか？

1　校務は効率化しているのに……

仮に**「学校の職場環境は悪化しているか？」**というアンケートをとってみると、どれぐらいの割合で「悪化している」という答えが返ってくるだろうか。「職場環境」と言っても様々な視点からとらえられるだろうが、「悪化している」と答える教師は多いだろう。

コンピュータやネットワークによって、かつてと比べものにならないほど校務は効率化が図られている。それも以前はその学校や個人努力で行われていたが、今は教育行政施策の一環である。職員一人ひとりに自治体からコンピュータが貸与されている学校や、校務支援システムが導入されている職場が多い。

文部科学省が平成二五年三月に発表した「平成24年度学校における教育の情報化の実態等に関する調査結果」では、教員の校務用コンピュータ整備率の全国平均は、一〇八・一％となっている。一〇〇％を超えているのは、平均値が校務用コンピュータの総数を総教員数でわって算出されているからだ。つまり、一人一台以上のコンピュータ配備がされているのである。

かつては、手書きによる文書やテストの作成は当然のことだった。コンピュータを活用して事務処理をしている企業がうらやましくてしかたなかったという年配教師は、今なお結構存在する。通常、学校の機器環境は一般企業より十年遅れると言われている。例えば、ファックス導入時期は、まさに企業とちょうど十年の差があった。

通知表や指導要録の作成にしても、コンピュータを活用していなかったときと比べると、手間と時間は比較にならない。評価・評定用のハンコを自費で購入し、学期や学年末には、かなりの時間をかけて通知表や指導要録を作成していたことは、今でも忘れられない。

その当時と比べたら、職場環境は悪化するどころか、飛躍的によくなっている。それでも、前述のように「学校の職場環境は悪化している」と回答する教師の割合は高いと考えられる。

2　要因は学校の外に

その**要因は、学校内部の変化ではなく、外部の変化にある**と考えられる。学校に要求されることが年々増加しているのだ。

教育内容はその一例だ。食育、国際理解教育、環境教育、防災教育、金銭教育、安全教育…など、「〇〇教育」と言われるものが、次から次へ押し寄せている。うっかりしていると、家庭教育の範疇であるべきものまでが、学校教育の中に入り込んでくる。

また、科学の進歩のため、以前ではわからなかったことが判明してきて、学校がより神経をつかうことが多くなってきた。例えば、食物アレルギーをもつ子どもへの配慮だ。当然のことだが、給食においては個別対応がなされている。宿泊行事においては、事前に宿泊先と連絡を取り合い、旅行日程中のすべての料理の食材をチェックし、アレルギー反応が起こらないように最善の配慮をしている。個に応じた、よりすばらしい教育が進んできているとみることもできるが、教師が配慮しなければならないことは確実に多くなってきている。

保護者対応に多大な神経をつかっている教師も多いだろう。

例えば、以前なら保護者に連絡しておく必要はないと判断されていたことにも、今では「なぜ連絡がないのだ!」と怒りの電話が入ることがある。校内でちょっとしたケンカがあった場合、当事者同士が仲直りすれば、わざわざ家庭連絡を入れることはなかった。

「家の人に連絡すると、かえって心配するだろうから連絡をしないよ。君の口から伝えておいてくれよ」で十分だったのが、今では、「今、息子から話を聞いたが、なぜ学校から連絡の一つもないのだ!」というクレームの電話が入る。

❷ 整理整頓とパフォーマンスの相関

1 リーダーの資質は机上に表れる

職員室において、有能なリーダー教師の机上を見るとある共通点がある。それは、机上が整理整頓されているということである。机上の整理整頓は性格に左右されるという方もいるが、これまで多くの職員を見てきた経験から言うと、**頼りになるリーダーの机上は、必ず整理整頓されている。**

机上の整理整頓ができていない教師のパフォーマンスは低い。頭の中も机上と同じように、ごちゃごちゃしていて整理できていないからだ。雑然とした頭の中から、子どもへの対応も、保護者への対応も、良策が生まれるとは想像しがたい。

これは、リーダーとして自分の立場を意識しているかどうかの違いでもある。例えば、学年主任が学級担任から何か質問されたとき、それが記載してあった文書ファイル自体をゴソゴソと探すことから始めたら、その様子を見ている学級担任は、心の中で学年主任への信頼度を低くするに違いない。

「ごめんなさい。文書を見つけて、それから答えるね」

と言うタイプの学年主任、つまり即答できない学年主任によくあるのが、その後の対応を忘れてしまうことだ。担任から再度質問があって、思い出し、慌てて動き出すようでは、もはや信頼度はゼロに等しい。

2 机上の差を生むファイリング

ところで、校長、教頭の机は別として、他の職員の机の大きさは同じであるのに、なぜこんなに整理整頓に差がつくのか不思議に思わないのだろうか。

この差を生む大きな要因の一つが、ファイリング（文書保管の仕方）だ。**ファイリングのポイントは細かな分類をしない、ということ**だ。

学年主任であれば、「職員会議」「学年部会」「その他」の三つで十分である。職員会議が終われば、「職員会議」のファイルにそのまま綴じる。そして、綴じた文書の最初のページに、開催された日付を記載したインデックスシールを貼っておく。これだけだ。次の職員会議の終了後は、それまでの文書の上に新たな文書を綴じる。同様に日付を書いたインデックスシールを貼っておく。

「学校行事」「生徒指導」など、文書を細かく分類してファイリングした方がよいと考える人もいるだろう。しかし、途中で必ず、どのファイルに綴じたらよいのか迷う文書が出てきて、三か月も経つと、背表紙に書いたファイル名と中身が一致しないファイルが生じるのが関の山だ。

もっとも、今は「我が校の職員会議はペーパーレス会議だ」という学校も多いだろう。サーバー上に本日議題とする文書を置き、それを各自のパソコンから閲覧して提案を聞く。必要な人はプリントアウトすればよいとしても、ほとんどする人はいないだろう。

「机上の状況は、その人の頭の中を表している」のと同じように、「パソコン上のフォルダ管理は、その人の頭の中を表している」と言える。フォルダの命名の仕方にも気を配り、大切な文書がきちんと保管でき、いつでも、さっと引き出すことができるようにしている教師がいる。そういう教師はレスポンスも早い。やはり頭の中が、日ごろから整理されているからだ。机上がごちゃごちゃの教師は、パソコン上のフォルダもごちゃごちゃと断言していい。

いかなる道具も使い方次第だ。パフォーマンスを上げるために、身辺の環境整備は欠かせない。

❸ オーバーワークが仕事に与える影響

1　長時間滞在すれば、よい仕事ができるわけではない……………

我が校は、職員が五十人を超える職場であるので、月一回、産業医が訪問し安全衛生委員会を開催している。もちろん、こうした機会がなくても、リーダーが職員の健康や安全管理に配慮すべきであることは言うまでもない。

この委員会の折に提出するのが、職員一人ひとりの学校滞在時間から勤務すべき時間の総計をひいた時間を一覧にしたものだ。当然、すべての職員がプラスである（マイナスであるとしたら、年次休暇を多く取得したなど特殊な場合だ)。

このプラス時間は、まさに人それぞれである。中には百時間を超えている職員がいる。土日の部活動の実働時間も入っているが、一日三~四時間ほど、勤務時間を超えて学校に滞在していることになる。

ここで注意したいのが、**「学校に滞在している時間」=「学校で仕事をしている時間」ではない**、ということだ。長時間滞在すれば、よい仕事ができるわけではない。

2 オーバーワークは自己満足に過ぎない

だが人は、時間をかけただけよい仕事ができたと思うものだ。

私自身も、若くて体力が十分にあったときには、激しい部活動指導をした後でも、職員室で何時間も仕事をしていた。一時は、学校を最後に出ることが日常化していたこともあった。息子の体を心配する両親を背にして、冷たくなった夕飯を食べながら、「仕事が多くて、多くて…」と不満というより、自慢げに話していたことを思い出す。今思うと、**やり終えた仕事の内容ではなく、長時間がんばったという事実に満足していた**のだ。

そのときの学年主任にも「早く帰りなさいよ。よくがんばっているけど、体を壊しては何にもならないよ」と言われた。しかし、経験が浅いので、他の教員と同じことをしても時間がかかるのは仕方がない、と自分を納得させていた。

しかし、オーバーワークは、仕事に決してよい影響を与えない。若いとはいえ、疲れが溜まり、体育館での部活動指導中に、ついウトウトと眠ってしまったことがある。いつのまにか職員室机に額を当てて眠ってしまっていて、気付いたら額が赤く充血していたことも、一度や二度ではない。これは、決して仕事ができる人間の姿ではない。

疲れているときには、どれほど机に向かっても生産性は高まらない。きっぱりと見切りをつけ、家に帰って休む。こうした決断をするのも、リーダーの素質として大切である。

「経験は意図的に積んで、整理しなければならない」

国語授業名人・野口芳宏先生の言葉だ。例えば、「与えられた仕事だから仕方がない」と思ってダラダラ取り組むのと、「この仕事なら二時間以内に仕上げるぞ」と目標を立てて取り組むのでは、同じ仕事でも得られる経験値が全然違うのだ。

時間を意識すると、極端なオーバーワークもなくなる。早めに帰宅できる日が多くなると、仕事を離れたときの時間をどう使おうかという発想も生まれてくる。

4 仕事が早い教師と遅い教師は何が違うのか？

1 仕事が早い教師は授業が違う

新任のときから仕事が早い教師はいない。そもそも、やるべきことを理解するのに時間がかかるからだ。理解できたとしても、やはり仕事のスピードは上がらない。経験不足からゴールが明確にできないためだ。ゴールが定まらず、フラフラしながら、「このあたりがゴールかな？」と手探り状態で仕事をしているのが多くの新任教師である。これは致し方ないことだ。

ところが、三年も経つと、仕事のスピードに個人差が生じる。特に女性は、結婚したり子どもができたりすると、いつまでも学校で仕事をしているわけにはいかず（本当は男性もそうであるべきだが）、テキパキと仕事をこなし、退校する教師が少なくない。仕事の質は変わらない。むしろ、その後二時間も三時間も職員室にいる職員より仕事がよくできる場合が多い。

この違いはどこから生まれるのだろうか。

その一端が垣間見えるのが授業だ。**仕事が早い教師は授業が違う。**授業がチャイムで始まり、チャイムで終わるのだ。授業の始まりのチャイムが鳴っているのに、職員室で準備をしているようなことがない。授業自体にもダラダラ感がなく、テキパキと進む。

2 仕事には、過去と同じでよい部分がかなりある

リーダーにとって重要な資質の一つが、この時間感覚だ。会議の開始時刻になったら、各学年主任、教務主任、教頭、校長ら全員がきっちりそろっていることが当たり前の学校にしたい。

仕事が早い人は、仕事は模倣から始まるということをよく知っている。**仕事にはオリジナル性が必要な部分もあるが、過去と同じでよい部分もかなりある**はずだ。例えば、ある行事の企画担当となったら、前年度の自校の状況をつかむことから始めるべきだろう。自校に例がなければ、他校から資料を取り寄せて、模倣すればよい。

ところが、経験が浅い教師は、自校の資料探しだけでも時間がかかるものである。そんなときリーダーが、

「参考になると思って、他校の二年前の資料をコピーしておいたよ。よかったら使ってください」

と手渡したら大喜びするだろう。さらに、

「ここのところだけは、我が校には当てはまらない。他の部分はよくできているので、そのまま我が校で取

り組んでもいいね」

などと、仕事がしやすいように具体的に助言するとよいだろう。

3　リーダーが助言すべきこと

教育の仕事は、やればやるほどさらに高みを求めたくなる。その姿勢は尊いものだが、**自己満足以外の何物でもないと思われる仕事に時間をかける教師がいる。**

例えば、コーラス大会前に、担任が優勝祈願に、一人ひとりにミサンガをつくっていた。若い教師の取り組みを否定するわけではないが、コーラス大会直前にやるべきことではない。生徒にとってどれほど意味があることなのかも定かではない。それによって、他学年のコーラスを聴きながら生徒の前でウトウトしていたりすれば目も当てられない。仕事と時間のバランスをとるよう、リーダーが助言する必要のある例である。

5　職員の働きやすさは、リーダーの仕事にかかっている

1　リーダーの後ろ姿が若手教師の心を動かす

働きやすさは人的環境に深く関係する。それも、リーダーによるところが大きい。これは、三六年となる教員経験から導かれた知見だ。

私が新任のときの学年主任は、自分が大失敗をしたときに、一緒になって動いてくださった。その主任はミ

スをしないことで有名な方で、**「彼が作成した文書は一切点検しない。そのまま市教委へ提出しても訂正せよという指示を受けたことがない」**と校長、教頭が他校にも自慢をしていた。そこに自分が大きなミスをして、汚点をつけてしまった。当然、自分自身は叱責されて然るべきだが、その学年主任は、ミスをカバーするべく黙々と動いてくださった。その姿に、「二度と同じ失敗はしないぞ」と深く心に刻んだ。

2 優れたリーダーの仕事術

荒れた中学校に勤務しているときには、皆が疲れきったときに学年主任がギャグを放ち心を和ませ、気持ちを上向きに変えていた。このような局面で、よくぞ学年集団の気持ちを一気にまとめる笑いをつくり出せるものだと感心したことが何度もある。人柄のみで成せたことではなく、**計算づくの人心掌握術**だったのだ。

やはり荒れた中学校での思い出だ。特別活動主任から、文化祭で生徒がびっくりするようなオープニングを職員の手で行いたいという提案があった。落ち着きのない生徒をまず引きつけないといけない。学校行事に参加するのは楽しいことだと思わせないといけないという、特別活動主任の考えがあってのことだ。しかし、日々生徒指導に追われる中で、さらに遅くまで残って、新たに準備をするのは正直辛い。早くに帰宅したいと思う職員ばかりだったと思う。しかし、熱心に語る姿、自ら進んで動く姿、職員のイメージを高める熱のこもった手書き構想図、身銭を切って用意したお腹を満たす食べ物などの合わせ技によって、いつしか、ワイワイ楽しんで準備をしていた。校長になった今、あの主任の**集団をまとめる組織術**をしっかり学んでおけばよかったと後悔している。

大学の附属中学校で勤務していたときには、様々な研究主任に出会った。だれにも共通していたことは、揺るがない確固たる理論をもっていたことだ。各教科主任が、自己の教科理論を構築しやすくするために、研究主任が提案する研究総論を変更しようと試みる。しかし、それらはことごとく打ち返された。だれもが同じ時間しか与えられていない中で、抜きん出て勉強をしていたのが研究主任だった。なぜ、あのようにあらゆる教科からの揺さぶりに対応できるほどの勉強ができるのか不思議でならなかったが、**他の教師にはない時間術**を駆使していたのだ。

3 人にほめられる仕事

私自身が進路指導主事になったとき、皆さんから随分とおほめをいただく仕事ができた。心がけたのは、担任が進路指導に際して「困らない、過ちをしない、あせらない」ようにすることだ、「困らない」ようにするために、豊富な資料を用意して、必要となる資料をすぐに引き出すことができるように資料管理に努めた。「過ちをしない」ようにするために、「校内進路指導ハンドブック」という冊子を作成した。一年間の担任の進路指導にかかわる仕事を見通して、それぞれの仕事に対する詳細な手引をつくったのだ。とても喜んでいただけた。その冊子を見ると、今後の見通しも立つので、担任が「あせらせない」ようにするためにも効果があった。

教務主任だったときには、苦言しか口にしないと言ってもいいほどのベテラン女性教師から「日本一の教務主任」とおだてられたことがある。その方を常に意識して、随分先の事項まで職員会議で提案したからだ。その方から「仕事がとてもやりやすい」と言っていただけた。一言でもほめられれば、教師もやはりうれしいものである。

職員の働きやすさは、リーダーの仕事にかかっているのである。

2章

職員のパフォーマンスを上げるリーダーの仕事術10

❶ 報告・連絡・相談がしやすい環境をつくる

1　報告・連絡・相談がしやすい環境のつくり方

「学校力はコミュニケーション力に比例する」という説がある。

そもそも学校力の定義からしてあいまいなのだが、長年の経験から言うと、これは的を射ていると思う。

職員室内で様々な情報が気軽にやりとりされているときは、どんな事態が発生しても浮き足立つことはない。今の状況をみんなが知っていてくれるという安心感があるからだ。

新たな取り組みを考えなくてはならないときにも、日ごろから雑談を含めてコミュニケーションがとれていると、発想も生まれやすい。職員室全体に柔軟な空気が流れているので、とんでもないことを言っても許されるという雰囲気が醸成されているからだ。

このような空気や雰囲気をつくるうえで大前提となるのが、報告・連絡・相談がしやすい環境であるということだ。

私は、四月早々の職員会議で、次のように言っている。

「悩むことや困ったことがあったら、ぜひ校長や教頭にも伝えてほしい。教頭に伝えたら、あなたの責任は五〇%になります。校長まで伝えたら、あなたの責任は0%になります」

このような表現で、問題を一人で抱え込まないように話した。

その日の夕方、校長室に生徒指導主任が訪ねてきた。

「校長先生、今日のお話には感激しました。これまで何人もの校長に仕えてきましたが、あそこまで言われた校長は、先生が初めてです」

むしろこちらの方が感激する言葉だったので、

「わざわざ校長室まで、こうして言いに来てくれたことこそうれしいことだ。ありがとう。だからね、あまり校長まで伝えないようにしてくださいね（笑）」

と応えた。

リーダーであれば、

「何でも報告してくださいよ。相談してくださいよ」

と、だれもが言っていることと思う。

しかし、この表現ではインパクトがない。そこで、相手の心に響く表現を考えたときに、この「校長まで伝えたら、あなたの責任は０％」という表現が生まれたのだ。

2 違いを生むのは何か？

学年体制においても同様である。担任が一番身近に感じるリーダーは学年主任だ。「報告・連絡・相談」をしやすい環境をつくることは、安定した学年運営をするために欠くことができない。

忘れてならないのは、学年主任自身がその「環境」であるということだ。

例えば、互いに忙しくて一堂に会することができないから、「学年掲示板に報告・連絡は書いておいてください」と指示しても、きっちり書かれる学年とそうではない学年がある。

違いはどこから出てくるのかというと、学年主任の姿勢なのだ。

「あの主任であれば、書いておけば必ず何らかのかかわりをしてくれる」と担任が思っていれば、書こうという気持ちが生じるが、何ら対応がなければ、書いてもムダだという気持ちになる。

つまり**「報告・連絡・相談がしやすい環境づくり」**は、**「報告・連絡・相談がしやすい自分づくり」**なのだ。

報告・連絡・相談がしやすい自分であることが、環境づくりの核であると心得るべし。

❷ 学級・教科経営の糧になる言葉かけを意識する

1 職員を個別に評価する

教育技術の法則化運動で有名になった向山洋一氏の著書『授業の腕をあげる法則』には、授業の原則十か条が示されており、その一つに**「個別評定の原則」**がある。子どもを個々に評価することで、伸ばすことができる、ということが書かれている。

この原則は、子どもだけに言えることではない。大人の世界でも同様だ。リーダーが個々の職員をよく見て、個別に評価することは、その教師とのつながりを強める意味で重要だ。

私は、時間があるとカメラを持って授業観察をしている。子どもが学んでいる様子を見ることが第一目的だが、もう一つ、教師のよさをとらえておきたいという目的がある。

2 拍手の価値づけを子どもにさせようとした授業者へ

例えば、次のようなシーンに出会うことがあった。国語の授業だ。

ある子どもがすばらしい発言をした後、教室には自然と拍手が生まれた。他の子どもたちが発言のよさに感動していることが見て取れた。

このとき、教師が次のように問いかけた。

「拍手をしましたね。どこに対して拍手をしたのですか?」

これは、授業論からみてとても優れた発問で、拍手が生まれるような発言をさせる授業展開の仕方ももちろん立派だが、**拍手の価値づけを子どもにさせようとしている**ことに感心した。授業後、教師にひと声かけた。

「拍手に流されることなく、さらに突っ込んだ発問をされたことに感心しました。まさに本校が目指している『鍛える授業』でした」

と。

そのときの教師の笑みが忘れられない。

3　一人ひとりの考えを大切にして話し合いを進める担任へ

放課後、学級目標の掲示物をつくっている教室があった。

子どもたちが実に楽しそうに作業をしているので、つい声をかけた。

「楽しそうだね。どうしてその目標に決まったの？」

返答に驚いた。学級目標が決まるまでの経緯を、詳細に教えてくれたからだ。学級目標が決まるまでの話し合いの様子が、とてもよくわかる説明だった。**担任が一人ひとりの考えを大切にして話し合いを進めている様子を、子どもの言葉を通して感じることができた**のだ。

職員室に戻り、当然だが、担任にこの感激を伝えた。

「学級目標をつくっている子どもから、目標が決まるまでの様子を聞きましたよ。先生がどの意見も大切にしておられることがよくわかりました」

と言う私に、ビックリした様子で「ありがとうございます」という言葉を返してくれた。

いつ学級を訪問しても、きちんと整理されている教室がある。清掃が行き届いている教室がある。雑巾がきちんと干されている学級がある。これを当たり前の風景と考えてはいけない。

リーダーは、自身が学級担任をしていたころを思い出すべきだ。当たり前といえる教室風景は、日ごろの指導の積み重ねがあってこそ実現できるものだ。よくぞここまで丁寧な学級経営ができるものだと感心することがある。リーダーはその価値づけをぜひともしたい。また、そのよさを学年や学校全体で共有したいものだ。

個々の職員をよく見て、個別に評価することで、つながりを強めるべし。

❸ ルーティンワークを常に意識する

1 業務をルーティン化することの意義

朝起きてから出勤までの流れを頻繁に変える人はいない。だれもが毎日同じルーティンで、身支度、洗面、朝食などをこなしているはずだ。自然に体が動いているという方が多いだろう。人は本来、安定を求めるものであって、イレギュラーな日々を求めてはいないのだ。

仕事に関しても同様だ。**一定の流れで業務を進めていると、何かイレギュラーなことがあったときにすぐ気付くことができる。**この点からも、リーダーは業務のルーティン化に心を配りたい。

では、何を、どのようにルーティン化すればよいのだろうか。

2 ベテラン教師のルーティンワークを共有する

学級業務については、ベテラン教師の動きを全体で共有するという方法がある。学年部会などで、ベテラン教師に「朝、学校に来てからどうしているか」というテーマで語ってもらったらどうだろうか。ベテラン教師にはありのままを話してもらえばよい。学年主任は聴き手になって、発言内容のポイントを板書しながら整理する。

いわゆる**業務の見える化によって、全体でルーティンを共有する**というわけだ。

このときに大切にしたいのが、**その動きの理由を聞き出す**ことだ。

例えば、あるベテラン教師は、生徒のげた箱を毎朝見ることをルーティンにしている。ただ、ベテラン教師にとっては当たり前のことなので、いちいちその理由などは伝えないことが多い。

しかし、

「げた箱を見てね、それから教室に出向き、生徒の様子を見るのよ」

といった程度の伝え方では、特に若い教師にはなぜそのような動きをするのかまではわからない。

そこで聴き手は、

「なぜ、げた箱を見るのでしょうか？」

などとたずねたい。他の教師に投げかけてもよいだろう。

3　ルーティン化にＩＣＴを利用する

教務主任の業務であれば、毎月必ず処理しなければならないことを、箇条書きにしてチェック欄を設け、一枚のシートにまとめておき、毎月セルフチェックするとよい。

とはいえ、セルフチェックをしていても忘れてしまうことがある。

私が教頭だったときに、毎月、ＰＴＡとともに教員数人で登校指導する日があり、前日にそのことを教員に伝えるのが一つの業務であった。しかし、これをうっかり忘れてしまうことが何度もあった。気付いたときには前日の夜で、慌てて教員宅へ電話を入れたこともあった。

そんなあるとき、ＩＣＴを利用するとよいことに気付いた。本校では職員用の校務支援システムが導入されており、その機能の一つに掲示板があったのだ。この掲示板に、登校指導をする前日になったら、「明日はＰＴＡと共同して行う朝の登校指導日です。○先生、□先生、どうぞよろしくお願いします」と表示されるよう、入力しておくことにした。自分が忘れていても掲示板には表示される。それを見て、あらためて担当教師に直接声をかけるようにしていた。

このように、**業務のルーティン化にはＩＣＴを利用できることが多い。**身近な例で言えば、スマホのアプリで「ＴＯ ＤＯリスト」を入力しておくことができる。

工夫次第で、ルーティンは確実に身に付けることができるのだ。

ベテラン教師の動きから学んだり、ＩＣＴを利用したりすることで、業務のルーティン化をはかるべし。

❹ 仕事の要・不要を分別し、徹底した効率化を図る

1 なぜ仕事の効率化ができないのか

「効率化」「無駄を省く」「能率化」などの方法をうたい文句にしたビジネス書は、ごまんとある。これはつまり、どの企業や事業所においても仕事の「効率化」や「能率化」が、業務の課題となっているということだ。教育界も同様である。

では、なぜ効率化ができないのか。

経験から言えば、**勇気がないだけ**のことだ。何かを省こうとすると、よく出されるのが、一万回に一回程度起こるか起こらないかという事例を出して不安にさせる意見だ。

だれしもマイナス情報を与えられると怖気づくものである。「そうか、そのような意見があるのであれば、次年度に向けて検討することにしよう」という結論を出して、結局はいつまでも変わらない状況を自らつくり出しているのではないだろうか。

2 学校新聞の廃止

現任校に赴任して省いたものは多い。

開校以来六五年間、年二回発行してきた学校新聞を赴任初年度から廃止した。年二回発行してきた新聞を見

てみると、半年分の学校の状況をＡ４判四ページで伝えているので、時期外れの記事がかなり多い。学校のホームページはほぼ毎日更新できるという判断もあり、**新聞に替えて、ホームページで随時発信**することに決めた。このことに対して、「ＯＢからお叱りを受けるのでは？」という心配の声が、教頭からあがった。正直なところ、そう思うこともあった。

しかし、新聞作成担当者が原稿集めをして、字数を合わせて記事に仕上げ、それを業者に出して校正するといった業務の手間も考えたら、廃止すべきだという結論に達した。教頭には、

「もしＯＢからお叱りを受けたら、一晩で新聞をつくるから心配しないで」

と伝えた。

はたして、廃止から二年経っても、学校新聞はどうしたのかという声は一切ない。地域にも配付していたが、話題にすらのぼらない。

3　生徒手帳の廃止

本校では、市販の生徒手帳を購入し、担任が、住所、氏名、校長印、公印を押して生徒に渡すという作業をしていた。四十人近くの生徒の住所等を直筆するのは手間がかかる。しかも学年開始当初に配付しなければならないので、慌ただしい中での作業となる。さらに、市販の手帳だったので、けっこうな値段になる。

実際どれほど手帳が使われているのか生徒に聞いてみると、表紙の身分証明書は必要だというが、通常の手帳にある日付ごとのページは一切必要ないという。日々、スケジュールを書き込まなければいけないような中学生はほとんどいないだろう。

これらに鑑みて、廃止をすぐに決め、**身分証明書を生徒データベースからカードに打ち出す形式に変更**した。

4　学級経営案の形式変更

多くの学校が担任から学級経営案の提出を求めている。その形式を**Ａ４判一枚に変更**した。

それまでは学校経営案と同じような項目を書き写すこともあって、一〇枚を超えるものになっていた。職員からは、教育委員会の訪問時に、あまりにも簡潔すぎると指摘を受けるのではないかという声が上がったが、校長が決めることなので問題はないと答えた。

要・不要を分別し、勇気をもって仕事の効率化を図るべし。

❺ 会議の開始・終了時刻を厳守する

1 時は金なり

全国各地で教育講演や授業診断をしておられる角田明先生（元茅ヶ崎市立緑が浜小学校長）は、自ら「角田定刻主義」と言っておられる。例えば、職員会議の開始時刻になったら、どんなに人がいなくてもきっちり始めるとおっしゃっていた。

教師はよく子どもに「時間を守りなさい」と言うが、そう教えている教師自身がなかなか時間を守ることはできないものだ。決められた時刻に遅れてくる教師を見ていると、授業の開始や終了時刻もいいかげんにしている人が多い。つまり、先を見て動いていないのだ。

先を見通す力は、教育活動のあらゆる場面で必要となる。一年間の学級づくりに関しても、教科経営に関しても、先を見てあらかじめ準備しておくこと、起こりうる事態を予想しておくことはとても大切だ。それができない教師は、その場主義で、瞬発力はあっても何事も長続きしないタイプだ。

こういうタイプの人間を待っているのはよくない。

例えば、30人の職員がいるとしよう。一人の職員が来るまで、29人の職員が待つコストを考えると恐ろしい。時給を3000円程度とすると、1分50円となる。1分待つと、50円×29人＝1450円となる。5分も待つと、7250円の損失となる。教員にはこのような感覚がないので、世間知らずと言われる。ときにはこうして**お金に置き換えて、時間の大切さを訴える**ことも必要ではないだろうか。

2 会議の終了時刻を宣言する……………

ところで、あなたはリーダーとしての見通し力をもっているだろうか。例えば職員会議では、あらかじめ終了時刻を伝えているだろうか。開始時刻を伝えることは当然しているだろうが、終了時刻を伝えているという話はあまり聞いたことがない。しかしそれでは、リーダーとしての見通し力が欠けていると言わざるをえない。

例えば、議題が五つあったとしよう。**それぞれの議題に重みづけをする。**卒業式提案であれば、「2」、大掃除計画であれば「1」、次年度年間計画であれば「3」という具合で、その重みの総計をする。仮に、「10」になったとしよう。重み「1」を五分とすると、五分×10と考え、開始時刻から五〇分後を会議終了時刻として宣言しておくのだ。重み「3」の場合は、その議題に一五分間かけてよいということになる。議題

一覧を示し、それぞれの議題に予定時間を記入しておくとよい。こうしたアイデアを出せるのは、先を見通す力があるからだ。

3　ゴールへの意識

では、先を見通す力は、どのようにして身に付けたらよいのか。

私は、**常にゴールを意識して行動する**ことだと考えている。例えば、学級担任ならば、その学年の終了時には、どのような子どもに育て上げたいかというゴールをもつことだ。学年主任であれば、学年集団がゴールに入るときの姿を描いておくことが重要だ。校長であれば、学校の姿を明確に描くことだ。

そして、定めたゴールにたどり着くために、一年を分割して考え、節目ごとに、そこまでに達成していなければならない小目標をもつことだ。このことは見通す力と相通じるものだ。

日々の業務においても同様である。今日は学年部会が一五時からある。放課後の時間はない。だから部活動の部長への指示はこの時間にしておこう…などと、見通し力を身に付けると計画が自然と頭に浮かぶものだ。見通しをもたない者は、一日のはじめに計画を立てないので、職員会議開始直前になって大切なことに気付く。だから「子どもへ指示をしていて遅れました」などという、もっともらしい言い訳が横行してしまうのだ。

ゴールを意識し、見通し力をもつことが、時間厳守につながると心得るべし。

6 失敗を糧にできる雰囲気をつくる

1 あの失敗から成功が生まれた

「失敗は成功のもと」と言うが、失敗を生かすというのはなかなかできないものである。しかし、以前、まさに「失敗こそ成功への礎」「あの失敗から成功が生まれた」と感じ入った出来事がある。

私の勤務校が文部科学省研究指定校となり、「学校支援ボランティアとともに創る教育」を始めたときのことだ。外部（地域）から人を招いて教師とともに授業を行ってもらうという試みで、学校と地域の連携の一例として実践を重ねることが研究の目的だ。

はじめは、だれを招いてよいのかわからず、途方に暮れた。外部と連携をして授業をつくり出すという発想を、もともともっている教師はなかなかいないからだ。困っているところへ公設水族館から学芸員を派遣するという案内文書が届いた。

後日、理科の授業に学芸員の方を招き、生徒の疑問に答えてもらうということになった。生徒に水族館から魚のプロが来ることを知らせ、聞いてみたいことを書かせて、事前に学芸員の方に送付しておいた。

迎えた当日。授業はとんでもない五〇分間となった。学芸員の方が、生徒の疑問を読み上げて解説するという形式で、生徒には理解できない専門用語も織り交ぜられた説明が、延々と続いたのだ。学芸員の方は、生徒がどれほどの基礎知識をもっているのかを知らない。その中で、プロとして、事前に送られてきた疑問に真摯に答えようと詳細に調べられての来校であった。多くの疑問を送ってしまったこともあって、学芸員の方はすべて答えようと必死に説明してくださったのである。

しかし、生徒たちも聞いているふりをするのに必死だったのではないだろうか。参観していた私たち教師でさえ、ついていくのが大変だったのだから。

終了後に、授業を企画した理科の教員に、「なぜ授業が失敗したのかをレポートにまとめてほしい」と依頼した。このような失敗は二度としてはいけないと痛感するとともに、研究期間中、このような授業が続いたら、学校は荒れるという危惧を抱いたからだ。

翌日、理科の教員が提出してくれたレポートは、失敗した原因がしっかり書かれている正直な内容だった。それをもとに全体会を開き、失敗を共有し合った。このレポ

ートで一気に研究が進んだ。なぜなら、その**レポートに書かれたことをしなければ失敗をしないという確信がもてる内容**だったからだ。

二年後の研究発表会の要項には、研究の出発点となったこのときの失敗を最初に書くことになった。研究主任は「失敗してくれてありがとうと言いたいです」とまで言い切った。失敗が真に生きた出来事である。

2 「失敗こそ共有しよう」運動

国語授業名人の野口芳宏先生は「経験は意図的に積んで整理しなければならない」と言っておられる。これは、経験さえ積めば、だれでも力がつくということではない、経験をどう次に生かすかが重要だ、ということだ。

そのためにもまず、「失敗こそ共有しよう」運動を広げたい。リーダーが自分の失敗談を語るのはどうだろうか。「失敗は成功の母」ともいう。同様な格言がいくつもあるのは、人というのは、なかなか失敗を生かせないものだということの裏返しだ。だからこそ、**リーダーが率先して失敗をあきらかにして、それを生かす場面を見せたい**ものだ。

失敗から成功を導くには、失敗した原因の追究と、その共有が大切であることを理解するべし。

❼日々のちょっとしたゆとりを大切にする

1　笑いはゆとりのバロメーター

職員室に笑いはあるだろうか。学年部会で笑いはあるだろうか。

笑いはゆとりのバロメーターだ。極端な話だが、身に危険が迫っている状態で笑う人はいない。緊張している場面では笑う心のゆとりは生まれない。

しかし、仕事において緊張感がないのもよくない。緊張感のない仕事ぶりで、よい成果を出せるはずがないからだ。

故・桂枝雀というプロの落語家は、笑いは「緊張と緩和」で起こると言った。緊張から緩和する瞬間に笑いが起きるというのだ。

仕事においても、この「緊張と緩和」が大切なのではないだろうか。

例えば、学年行事を実行することを考えてみよう。計画、指導、実践の積み重ねがあって、見事成功したとする。そこまでいわば緊張の連続であったはずだ。無事終了となれば、精神は緩和する。自然に笑いが生まれるのではないだろうか。この笑いは、良質な笑いである。達成感に満ち溢れた笑いほど美しいものはない。

こういうときこそ、リーダーは率先してゆとりを楽しみたい。ときには、勤務後にみんなで喫茶店に行き、お茶することを提案してはどうだろうか。

2　ゆとりを楽しむための仕掛け

我が校のある学年掲示板では、ときおり**おもしろいコメントが入った教師たちの写真**を掲示している。例えば、ある若い男性教師が女性教師を見つめている写真が掲示され、「つい私は見とれてしまいます」とコメントが入っていたことがあった。実際は、女性の向こう側に置いてあった物にたまたま注目していただけらしい。しかし、あたかも男性教師が女性教師に見とれているように見えたので、そこにいた同僚が急いでシャッターを押したのだという。その写真にコメントを入れて、学年掲示板に貼っておくだけで、楽しい会話と笑いが生まれる。ここから心のゆとりも生まれるのだ。みんなが話題にするので、さらに写真が増え、ますますゆとりを楽しんでいることが写真の枚数からもわかる。

また、我が校では**勤務時間後に整体サロン**が開かれることがある。ある教師が整体の勉強をしていて、他の教師がその実験台になっているとも言えるが、効果があるのでサロン入室には予約が必要となるほどだ。もちろん、その部屋では会話が飛び交っている。笑いも聞こえてくる。

以前は、**「ストーブ談義」**というものがあった。若い教師はこの言葉を知っているだろうか。私はストーブを囲んで、先輩教師と他愛もない話をどれほどしたことだろうか。もちろん、ときには指導も入る。こちらも相談をする。家族の話となる。恋愛の話もする。ストーブが教師間の距離を縮めてくれていた。まさに教師同士の関係を温かいものにしてくれていた。だが現在は、エアコンの前に集まるわけにはいかない。

ストーブに変わるものを考えたとき、一つ見つけた。それは、休日どこかに出かけた際に、訪れたところの**名物お菓子を持ち寄る**というものだ。それを紹介しながら、みんなで味見をすればいい。訪れたところを話材にして情報交換するのだ。

このように、リーダーとして、ゆとりを楽しむための何かしらの仕掛けをしたいものだ。緊張する日々の中で、気持ちがほっとする、心が緩和するときを互いに楽しみたい。

ゆとりを楽しむ仕掛けで、仕事にメリハリをもたせるべし。

8 互いに生徒をほめ合う

1　職員全員で生徒を育てる

私が学級担任になったばかりのころ、生徒とうまく距離がとれず、学級経営に苦しんでいたときがあった。生徒との関係がしっくりいっていないと感じる毎日であった。

そんなとき、学年主任が私の学級の生徒たちに担任の思いを伝えてくれた。力量がある主任だったので、生徒の心にしみわたるよい話をしていただいたに違いない。それを契機に、少しずつ生徒との距離は縮まるようになり、苦しかった日々を笑って話せるようになった。このときに痛感した。職員全員で生徒を育てるとはこういうことだと。

それ以後、私は他学級やその学級の生徒のよさをとらえて、直接ほめることを心がけるようになった。正直なところ、それまで学級経営は担任だけの仕事だと思っていた。だから、自分の学級ばかりを高めることに精力を使っていた。

しかし、「ギブ・アンド・テイク」「持ちつ持たれつ」だ。

不思議なことに他学級の生徒をほめると、**他の教師から私の学級や生徒のよさについての情報が入ってくる**ようになった。

2 情報交換の場を設定する

我が校の授業研究後の協議会は、二部制にし、一部は「生徒情報交換会」と称している。そこでは次のような発言がされている。

「△さんは、進んで隣の子とかかわろうとしていました。やはりこの教科に自信があるということだと思います」

「○君は、私の教科では見せない集中力がありました」

「□君は、資料をじっくり読んでいました。先生の指示は聞いていませんでしたが、絶対に裏付けになる資料を見つけてやるぞ、という意気込みを感じることができました」

「◎さんは、先生の話やクラスメイトの発言をとてもよく聞いていますね。だから、あんなにしっかりとしたノートがとれるのですね」

このように、様々な教師が見た生徒の様子を出し合っている。そして、協議会の後半では、

授業のどこに、そのような生徒の姿を引き出せた要因があるのかを検討している。

3 悪い面ではなく、よい面を伝え合う

生徒のよさを語り合うのは、互いに気持ちがよいものである。ときとして、職員室で生徒の悪口ばかりを言っている教師はいないだろうか。子どもは失敗するものだ。失敗しようと思って失敗する子どもはいない。よく聞いてみると、そのような指示の仕方だから、その子は失敗をしたのだろうと思うことがある。**悪いのは生徒ではなく、教師**なのだ。それに気付くことなく、職員室で悪口を言うのはもってのほかだ。そのような教師にはよい情報は届かない。他の教師が情報を提供しようとしないからだ。

かつて互いの生徒のよさを伝えようという意図で、名簿に一言コメントを書いて、他学級の担任と交換し合ったことがあった。自分が見ている生徒と違って見えた生徒がいた。チームワークで生徒を見て育てる意義はここにあるのだと教えられた。私が書いたコメントを読み、「この子にはこういう面があることを知ることができて助かりました」と言ってくれた先輩がいた。これは多数の目で生徒を見て、よさを伝え合うことのよい点である。

互いに生徒をほめ合う場をつくることで、職員の生徒を見る目を確かなものにするべし。

9 適切な評価をして次のステージを用意する

1 「いいとこ見つけ」の機会をつくる

職員評価制度には様々なスタイルがあると思うが、同じような制度はどこの地域においても実施されているだろう。評価をする管理職の立場からすると、評価をするのに伴う職員とのコミュニケーションが、学校運営上とても役立つことを実感している。

コミュニケーションを図るには、相手を知ることが大切だ。しかも、その相手は大人である。取り繕うような話では、真のコミュニケーションはできない。だからこそ、相手についての、確かな事実に基づいたそれなりの情報がいる。事実を集めるには、意図的な行動が必要だ。

そこで私は、**学校ホームページの記事づくりとコミュニケーションを連動**させている。時間があればカメラを持って、できるだけ教室に足を運ぶ。学校ホームページの掲載写真を得るためだ。写真を撮るときは、生徒の「いいとこ見つけ」を基本としている。四人で学び合っている姿や資料を丹念に調べている姿、クラスメイトの発言に耳を傾けている姿、黒板の前で堂々と発表している姿などを撮影し、その写真にコメントをつけて発信するのだ。

また、教師の「いいとこ見つけ」も並行して行っている。生徒を包み込むような笑顔で話している教師、生徒がハッとするような資料を提示する教師、発言を上手につなぎ豊かな話し合いを構築していく教師、きりっとした空気を教室内に醸成している教師など、教師のよさをとらえて、保護者にもわかりやすく伝えている。その際、本人には記事にしたということを一言伝えている。

これが前述の学校ホームページの記事づくりとコミュニケーションを連動させている具体例だ。

実は、同時に評価も行っている。

「先生、あの場面はとてもよかったですね。コメントを添えて記事にしておきましたよ」

という言葉かけは、まさにその教師の授業評価である。

2 個別の議論が、相手への理解を深める

研究主任であれば、研究の方向性を確かにするために、教員個々とコミュニケーションをとることが大切だ。かつて研究主任

の立場にあったとき、総論を書いて会議で提案したことがあった。その会議の中では十分な話し合いができなかったこともあって、一人ひとりとコミュニケーションをとった。すると、総論は賛成だが、自分の教科の立場で考えると、提案をすべて受け入れるわけにはいかないという。**個別に論議を重ねていくと、相手の考えに自分の理解が及んでいなかったことがよくわかり、話し合う中で随分と相手に同意をした**ものだ。いわば、相手を評価したことになる。おかげで総論と各教科論の距離は縮まり、方向性が定まった。

3　次のリーダー候補をつくる

人事にかかわることであれば、まさに適切な評価をして、次のステージを用意することが肝要である。そのために、**教育委員会が適切に判断できる材料をしっかり用意する**ことが、校長の務めである。「とてもよい人です。一生懸命やっています」では、当然ながら次のステージへの説得材料にならない。日ごろからよく観察し、会話を重ねて、考えなども把握しておくことが必要だ。次のリーダー候補をつくることができていないのは、自分がリーダーとして十分な働きをしていないからだと自覚すべきである。

ホームページの記事づくりと連動するなどして、意識的に職員とコミュニケーションをとることで、適切な評価につなげるべし。

⑩ 全員が満足する懇親会や飲み会を演出する

1　飲み会に参加しない理由

言葉はその時代に合わせて変化するというが、「飲（の）みニケーション」という言葉もその一つだ。かつては頻繁に使われていたが、勤務後の時間をある意味拘束することを避けるようになり、ほとんど耳にしなくなった。

また、最近よく耳にするボヤキが、「会を設けても参加者が少ない。かつては学校全体や学年で旅行も企画できたのに、みんなと交わろうとする若者が特に少ない」というものだ。多くの都道府県では、職場に中間層が少なく、ベテランと若い教師で構成されている場合が多い。若い教師の立場になれば、職場を離れてまで、ベテランとともにいるのはかなわない、という思いにも一理ある。**立場を変えて考えてみると、その気持ちがわかる**わけだ。

2　若い教師に企画してもらう

しかし、だれもが自覚していると思うが、職場を離れた場でのコミュニケーションでは、心の開放も手伝って、いわゆる本音が思わず漏れる。したがって、リーダーであれば、ときには懇親会や飲み会をセッティングしたい。

参加しにくいと感じている人への配慮もしたうえで、全員が参加でき、満足できる懇親会や飲み会をすることはできないものだろうか。「日ごろ苦労しているのに、ここまで気をつかわなければいけないのか…」と思うリーダーもいるだろう。もしそうであれば、何も自分だけで企画する必要はない。若い教師に企画を手伝ってもらえばよいのだ。

私が新任から三年間勤めた学校には、一番若い教師が学校の懇親会運営の一人になるというルールがあった。私は三年間にわたって懇親会を企画し、飲み会では司会まで仰せつかっていた。今思うと、大学生気分で企画していたが、それがかえってよかったように思う。

懇親会の余興で、校長に寸劇に出てもらったり、いわゆるおばちゃん先生にも、嫌がられながら、その当時のアイドルのものまねをやっていただいたりした。もちろん大ウケだ。懇親会後も話題となることがあり、職員室には笑いが再び起こっていた。

「日常から離れ、みんなでバカになる」というキャッチフレーズをつくり、行きのバスから大盛り上がりしたこともあった。数十年経っても、そのときの光景が目に浮かぶのだから、相当インパクトのある懇親会だったわけだ。

3　ちょっとした工夫で職員全員が楽しめる機会はできる

このように大がかりなことではなくても、ちょっとした工夫次第で、職員全員が楽しめる機会をつくることはできる。

例えば、学年のだれかが研究授業を終えたときなどに、ご苦労さん会を兼ねて、勤務時間後、学校で各種ケーキなどを人数分買ってきて、ミニパーティを開いたらどうだろうか。

わざわざすべて違うケーキを買ってくるのが盛り上げのコツだ。ケーキを前にして、選ぶ順番から決めればいい。**他愛もないことだからこそおもしろい。**研究授業を終えた同僚に敬意を表して、優先して選んでもらうことがほとんどだろうが、その後の順番決めに、日ごろの職員のかかわり方が反映されてなかなか興味深い。

リーダーもこうした雰囲気を大いに楽しめばよい。あるケーキを選ぶと、特別プレゼントがもらえるという仕込みをしておき、そのプレゼントを提供する、というのもよいだろう。

ときにはプレゼント交換をするのも楽しい。我が校では、各自で千円程度の品物を買って持ち寄る、という企画が恒例となっている。くじによってプレゼントを選ぶ順番を決め、ずらりと並ぶ包装されたプレゼントを、触ることなく見て選ぶという演出

だ。プレゼントを選ぶ楽しみ、開けてみる楽しみ、開けてみて一言コメントを述べ合う楽しみがある。
何事もアイデア次第、ということだ。

若い教師に協力してもらったり、他愛もないことをしたりして、だれもが満足できる懇親会にするべし。

3章

職員のチーム力を上げるリーダーのスキル10

❶ 職員の悩みを解決する話の聞き方

1 悩みはあって当然

人はどのような環境に置かれても悩むものだ。「こんなにすばらしい、居心地のよい学校なのに…」と校長が考えても、すべての者がそう感じているとは限らない。「隣の芝生は青く見える」というように、他がよく見えてしまうものだ。

このように、**だれもが悩みをもっているものだという認識でいれば、職員の表情から見えてくるものも違ってくる。**職員の表情の違いを自然に読み取ることができるようになれば、ふっと一言声をかけることもできるようになるものだ。リーダーが自分のことを気にかけてくれていると思うだけでも、悩みが解消してしまう職員もいるはずだ。

2 日頃から会話を重ねていることが大切

悩みを解決する話の聞き方をマスターする以前に大切にしなければならないことがある。それは日頃からのコミュニケーション、会話である。

人は、つながりを感じていない相手に悩みを打ち明けることはしない。他愛ない会話でよい。日頃からどれほど会話を重ねているかが相談相手の候補となれるかどうかのポイントだ。

3　事前に推測できるリーダーでありたい

さて、職員から何か相談を受けたとしよう。例えば、学級経営上の悩みなど職務に関する相談をされたとする。そのとき、その相談を受けることを予想もしていなかった、ということではリーダーとして情けない。こういったケースでは、本人から相談される前に、他の人から「苦しんでいるようですよ。考えあぐねているようですよ」といった情報が入ってくるなど、必ず予兆がある。そして、こちらから声をかけようかと思っているところへ、「実は…」というように相談があるものだ。

このように、**職務に関する悩みであれば、事前に情報が入ってくるリーダーでありたい。**

4　聴くことに徹する

相談を受けたなら、まずは聴くことに徹することだ。

「聴」という字のごとく、耳だけで聴くのではなく、目と心も働かせて聴くことだ。

その際、座る位置に配慮したい。体験してみるとわかるのだが、向き合う位置（正対）に座ると話しにくいものである。カウンセリング系の書籍などにもよく書かれているが、心をより広げることができるのは、90度の角度に位置したときだ。ぜひ、実際に試してみてほしい。正対と比べると、視線の置き方も楽なことが実感できるはずだ。

聴くことに徹するためのポイントは、相手の言葉を復唱することだ。

「なるほど、…のように考えているんだね」

「そうか、…と伝えたのだね」

「…ということで困っているんだね」

というように、すべてを受容する気持ちで聴く。

相手が話したことを繰り返すことで、聴くことに徹することができる。そして、ほとんどの場合、**相手の鏡になり、相手が自分自身を改めて見つめ直すことで解決に結び付けることができる**のである。

また、相談を受けていると、相手から学級経営のための具体策を聞かれることがある。その際、「人を見て法を説け」と言われるように、いくらよい解決法であっても、相手の性格に合いそうもないものでは、よいアドバイスをしたとは言えない。復唱しているうちに、相手と同じ位置に自分を置くことができ、解決するための具体例が出てくるものだ。

日頃からコミュニケーションをとることで職員が悩みを相談しやすい土壌をつくり、相談を受けたなら相手が自分自身を見つめ直せるような働きかけをするべし。

❷ 職員のやる気を引き出す声のかけ方

1　やる気の源泉……………………………………

やる気の源泉はどこにあるのか。自分に置き換えて考えてみるといい。

それは、人から認められたときではないだろうか。

「○さん、この企画はいいねえ」

「△さん、あなたの学級はよく話が聞けるね」

「□さん、あの話はとても心を打ったね」

などと、一言でも**評価する言葉をかけてもらえると、次へのやる気が湧く**というのは、だれもが体感しているはずだ。

2　タイミングは自ら生み出す…………………

ところが、このことをわかっていても、なか

なかその一言がかけられない。いつしか時間が経ってしまい、タイミングを逸してしまう、というのがよくあるパターンだろう。「果報は寝て待て」とも言うが、タイミングは待っていても訪れない。ならば、自ら動くことだ。

例えば、集会時に生徒指導主任がよい講話をしたとしよう。職員室に戻って、一言感想を届けよう…と思った時点で、すでにタイミングを逃していることがある。生徒指導主任がそのまま教室に向かう場合もあるからだ。人は自分が思うような行動をするわけではない。私は生徒指導主任が降壇してくるあたりに構えていて、一言感想を述べることを心がけている。終わったとたんの一言は、特によく相手に伝わるものだ。

それでもタイミングを逃してしまったら、こちらから教室に出向けばよいのだ。相手はビックリするのだが、

「学級の様子も見てみたいと思って」

などと一言添えながら、

「今日の講話は的を射ていましたね」

と伝えるとよいだろう。

どのような一言をかけようかと悩むより、かけるタイミングの方に心を配った方がよい。

3　声のかけ方

事実に基づかない言葉は心に届かない。事実をとらえていれば、かける言葉にそれほど悩むことはないだろう。フェイスブックの「いいね」感覚で一声かければいい。

タイミングよく、短く、明るい表情で「いいね」でよい。以心伝心というが、声をかけるときの表情は、言葉以上に伝わるものだ。上司がニコニコしながら近づいてくるときの相手の気持ちになってみてほしい。きっ

と、「何かよい情報があるのかな」と察するだろう。

言葉と同時に表情で、評価を伝えることを忘れてはならない。

4　相手のやる気を引き出す他の方法

やる気を引き出す方法は、言葉かけだけではないことを付け加えておきたい。

例えば、**学級通信にとてもよい記載があったとしたら、その部分に線を引いて、「心に響きました。（氏名）」と一言書いて、机上に置いておくこともよい。** しっかり読んでいることが伝わるだけでも価値がある。

また、**他のリーダーを通して、相手に伝えることも有効**だ。

「あなたのこと、○○先生がとても上手なアプローチだったと褒めていたよ」

といった伝えられ方は、直接ほめられたときより心にズシンと残ることをだれもが経験しているのではないだろうか。


タイミングよく、短く、明るい表情でほめることで、相手のやる気を引き出すべし。

❸ 注意を促すときの声のかけ方

1 「注意」という言葉の定義

「注意」という言葉から、「叱る」ことのみイメージしてはいけない。

「注意」とは「気を付けること。気を配ること。危険などにあわないように用心すること。相手に向かって、気を付けるように言うこと」だ。

このように定義がはっきりすれば、自分は日々、注意をしていると自覚するリーダーも多いことだろう。**優れたリーダーは、発生する問題をあらかじめ予想し、そうならないように注意をしている**はずだ。

そして、その予想がだれもが納得できるものである場合に、その注意がより生きることになる。

2 予想の延長上にある注意

では、予想する力は、どのようにすれば身に付けられるのだろうか。

経験をどれだけ積んでいるかということは、確かに大きな要素ではある。しかし、そればかりではない。経験年数を重ねている者ほど優れたリーダーになるわけではない。

ポイントは、**シミュレーションがどれだけできるか**ということである。

例えば、学年全体が体育館に移動することを考えたとしよう。学年の生徒の人数に応じて、移動する時間を確保しておかないといけない。三百名近くいれば、かなりの時間がかかる。このことを忘れていると、全体のプログラムが狂ってしまう。

こうした予想ができないリーダーは、現象面だけとらえて、「なぜ、こんなに移動が遅いのだ！」と腹を立てたりする。

シミュレーションがしっかりできるリーダーであれば、あらかじめ移動する時間を確保しておくことができるので、生徒たちも担任も慌てることなく移動できる。

また、シミュレーションをしたうえであれば、注意する事柄も違ってくる。例えば、体育館へのルートを一つにせず、分散することで時間短縮を図ることができる。

「○組と△組は、このルートを通って移動することにしましょう。混雑して時間がかかることを避けるためです」

これも立派な注意の一つである。

聞く側も、「なるほど。こういうことにも目を向けているのだ。ただ単に『素早く移動してください』と言っているのとは違うな」と納得するはずだ。

3 注意は具体的にする

注意をするときは、できる限り具体的にすることを心がけたい。抽象的な表現では、解釈にズレが生じることがあるからだ。

「月曜日は忘れ物が多いそうです。今日は金曜日ですから、一言、生徒に伝えておいてください」

といった注意では、教師の力量によって、生徒への伝わり方にかなりのズレが生じる。

一方、

「本校は忘れ物を防止するために共通のノートを配付しています。帰りの短学活でそのノートに、翌日の用意をきっちりと記載しているかどうかを確認してください」

という指示であれば、ズレは生じにくい。

頼りないリーダーは、事が起こると「注意したはずなのですけど…」と言い訳をする。注意喚起がどれだけできていたかを振り返らず、他人のせいにするのだ。こういったことでは、リーダーへの信頼度がだんだん低くなっていくのは間違いない。

注意喚起をするときは、発生する問題をあらかじめ予想し、その問題を回避するために必要な指示を具体的に行うべし。

❹ 提案のさせ方とその実施のさせ方

1 提案の「肝」を決めさせる

会議や打ち合わせでダラダラした提案を聞くことほど辛いことはない。

ときどき、すべてを説明することがていねいな提案だと考え違いをしている教師がいる。多くの職員は昨年度までに経験してきていてほぼわかっていることなのに、それを承知しながら縷々説明してしまうのだ。相手意識が欠如していると言わざるを得ない。

シャープな提案をさせるには、提案の「肝」を決めさせることだ。

ここで言う「肝」とは、工夫したところ、思案したところである。そこに重点を置いて説明するように提案者に伝えるとよい。

ほぼ昨年度同様で、肝らしい肝がない場合もある。これはあってもよいことで、いつも新しいことを提案する必要はない。この場合は、これまでの取り組みをざっと振り返り、実施にあたっての留意点を提案するのが望ましい。

2 決めたことは皆で必ず実行する

職員会議で提案され、了承されたはずなのに実施されていない取り組みや仕組みは、どの学校も一つや二つではないだろう。

そこで、リーダーが「決めたことは皆で必ず実行する」ということをしっかり職員に伝えたい（これが徹底されていれば、チームワーク抜群の学校と自慢してよいだろう。それがなかなかできないからこそ、リーダーの出る幕があると言っても過言ではない）。

決めたことを皆で必ず実行するのはなかなか難しい。新任教師なら、「この学校にはこういう取り組みや仕組みがあるのだ」と納得するかもしれないが、一定以上の経験を積んできている教師が転勤してきた場合、これまでの学校と違うことには違和感を覚えるものである。

リーダーはこのことを頭に入れておき、自校独自の取り組みや仕組みについて、

「この学校においてはこれが当たり前なのです」

と伝えたい。

中には過去の学校と比較するばかりで、なかなかなじもうとしない職員もいるだろう。「郷に入れば郷に従え」と直接言うことはできないだろうが、**やり方は様々あるのだということを伝えながら、自校の取り組みや仕組みへの理解を促す**ようにしたい。

3　提案者を動かす

提案、了承されたことを確実に実施するための方法は、リーダー自身が動くことばかりではない。提案者を動かすのもリーダーの役割である。

例えば、提案、了承されたことを実施する日、朝の職員会議で提案者自身に、**提案の主旨を改めて伝えるように、指示を出す**とよい。

「先日、皆さんにご了解をいただき、本日練習をする全校応援ですが、全員が一生懸命声を出すことを一番のねらいとしています。学級で一言ご指導をお願いします」

「一斉下校の時刻を守らせることに合意していただきました。そのためには、帰りの学級の時間の運営が重要になります。よろしくお願いします」

このように、提案者自身に発信させると、全体の足並みもそろいやすい。

当たり前のことであっても、伝えなくては届かない。それでは子どもと同じだと嘆く声も聞こえてきそうだが、大人も易きに流れるものである。

提案、了承されたことを確実に実施するためには、リーダーが動くとともに提案者自身も動かすべし。

❺ 仕事の依頼の仕方

1　どこまで具体的に指示を出すか

自分が仕事の依頼をされたとき、「相手の依頼したい気持ちはよく伝わってきたが、さて、何をすればいいのか…」と途方に暮れたことはないだろうか。これは、依頼する側の指示が「思い先行型」で、具体性がないときだ。

逆に、あまりにも指示が細かすぎて、気持ちが萎えてしまったことはないだろうか。「私にそこまで要求されても自信がない。あなたのお手伝いはしますから、ぜひあなたが主となってやってください」と言いたくなる経験をしたことがある方もいるだろう。

どこまで具体的に指示を出すべきかは、依頼する相手の経験にもよる。大人相手の指示というのはなかなか難しいものだ。

このように、仕事を依頼するときに心掛けるとよいことがある。それは、**なぜその人に依頼するのかを伝えることと、ゴールのイメージを伝えること**だ。

2　レベル別依頼例

例えば、職場体験学習の担当を依頼する場合について考えてみよう。

レベル1 職場体験学習の担当をお願いします。内容はお任せします。

レベル2 職場体験学習の担当をお願いします。昨年度の反省がここにあるので、それを生かしてください。

レベル3 職場体験学習ですが、昨年度の反省を見ると、事前学習がうまくいっていないようです。このところをよろしくお願いします。

レベル4 本校は、事後学習が薄いと思います。全員無事に終えることができたことで満足しているようです。これでは事業所に無理を言って学習をする価値はありません。事後学習の充実をぜひ考えてください。職場体験発表会を開催するのもよいと思います。

レベル5 職場体験学習の担当をぜひお願いします。先生の発想を楽しみにしているのです。というのは、本校の職場体験学習は、長年実施してきて、どうも色褪せてきていると思うのです。事業所も長年引き受けていただいているので、この体験学習を始めたときの学校の思いが伝わっていないように思われます。生徒が充実していたと感じるのはもちろんですが、家庭でも話題となるような職場体験学習にしたいのです。アイデアは先生にお任せします。

3 レベルの違いを読み取る

レベルの違いがわかるだろうか。レベル5に着目してほしい。

まずレベル5は、職場体験学習の現状を示したうえで、「先生の発想を楽しみにしています」と**なぜその人に依頼するのか**を述べている。

実際には様々な理由があって依頼をするわけだが、「たまたまあなたの番になったのでお願いします」というような依頼ほど相手のモチベーションを下げる指示はない。

若手に依頼するのであれば、「あなたを伸ばすために依頼したい」というような理由でもよいだろう。それを意気に感じて取り組んでくれる教師もいるはずだ。

そして、レベル5は、「家庭でも話題となる職場体験学習にしたい」と**ゴールのイメージを伝えている**（さらに、「学校の思いが伝わっていない」という現状も述べている）。

このような依頼をすれば、指示された教師は、「家庭でも話題となる職場体験学習とはどのようなものか」と思案し、レベル4のように具体的な方法（職場体験発表会を開催する）を示さなくても、自分自身で様々なアイデアを練ろうとするはずだ。

「過ぎたるは及ばざるがごとし」である。

仕事を依頼するときは、なぜその仕事をその人に依頼するのか、どのようなゴールをイメージしているのかを伝えるべし。

6 意見が対立したときの話し合いの進め方

1 意見の対立は喜ばしいこと

「愛する」の反対は「憎む」ではなく「無視する（無関心）」であると言われる。相手に関心をもってもらえないことほどさみしいことはない。意見が対立するのは互いに関心がある証拠なので、まずはそのことを喜びたい。

かつて愛知教育大学附属名古屋中学校に勤めたことがある。私がこれまでの教員人生の中で、一番対立を経験したのが、この学校での会議だ。研究校であるので、週に一度程度は研究会議が開かれていた。その会議で対立が生まれるのだ。

例えば、研究部が提案する総論と各教科が提案する各論とが一致しない。研究部長が司会であるため、話し合いが研究部寄りに進む傾向がある。教科としては、研究部の提案に安易に同意してしまうと、後々困ることになるので容易に賛成できない。いきおい反対意見を出すことになる。

しかし、今にして思うと、お互いに対立を楽しんでいたと言ってもいい。このようなことで対立できる学校を誇りにさえ思っていたのかもしれない。

対立は、ともにしっかりと課題に臨もうという姿勢の表れだ。

だからこそ、対立することを喜びたい。

2 意見が対立したときの話し合い

これまでに幾度となく前述のような対立を経験した立場から言うと、まず、少しぐらいの対立で慌てるなと言いたい。

授業では、むしろ意見や考えの対立を意図的に生み出し、その違いから学びを深めることをしかけているのに、いざ自分の身近で対立が発生すると、どうすればよいものかと立ちすくんでしまう教師がいる。

リーダーの立場からいうと、職員の間になんらかの対立関係が生じたときには、

「意見が異なることはとてもよいことです。互いの見解の違いから学ぶことができるのです」

と、まずは**その局面を価値付けする**ことが大切になる。

次に、**対立点を整理する**ことが重要になる。ここがうまくいかないと合意は難しい。リーダーが間に入って、それぞれの主張を再度聞き合えばよいだろう。

その際には、お互いの考えのメリットをクローズアップさせるとよい。人はつい、相手側の主張のデメリットを探したくなるものだが、それぞれのメリットを主張し合った方が、話し合いが前に進みやすい。

3 必ずしも、片方に決めることはない

このように、意見が対立したときも丁寧に議論を進めると、双方のメリットを取り入れた良案が生まれることもある。

先に例をあげた、附属名古屋中学校勤務時の出来事だ。

「個に応じた授業の創造」というテーマのもと、教科として具体案を示したが、そこで他教科との間に対立

が生じた。

そのとき、司会者がそれぞれの教科案のメリットを話すように促した。双方の意見とも説得力があるものだった。どちらかの案をとる、という方向に議論が進んでいたとき、司会者から次の発言があった。

「私たちは個に応じた授業を創造することを研究しているのです。今、対立している意見はそれぞれの教科が教科の特性に応じて提案したと思うのです。ですから、どちらかの案に統一する必要があるでしょうか。まさに〝個に応じる〟ことがいいのではありませんか」

意見が対立したら、どちらかの意見に整理することが常道だった私たちにとっては、思いもかけない提案だった。

ここで改めて注意したいことがある。それは、このような展開になり得たのは、**対立を恐れず議論をしたからである**、ということだ。だからこそ、お互いの意見を認め、両論併記でよいという結論にだれもが納得できたのである。

意見の対立そのものは是としつつ、双方のメリットを取り入れた折衷案なども視野に入れながら、ていねいに議論を導くべし。

❼ 仕事の引き継ぎの進め方

1 「超整理法」を活用する

今や「超整理法」と言っても、野口悠紀雄氏を思い浮かべる人は少ないかもしれない。ベストセラーとなった『「超」整理法』は、一九九三年に出版された本だからだ。

しかし、今なお野口さんのアイデアは、文書を保管したり、整理したりするときに重宝している。二十年以上、野口さんのアイデアを活用していることになる。

野口さんの超整理法の詳細は、その書籍を見ていただくことにして、仕事の引き継ぎの折にどのようにアイデアを活用しているのかを紹介する。

まず、**ファイルに文書を綴じるときには、すべて時系列に綴じ、ファイル自体も細かく分類をしない。**

例えば、学年から出された文書はすべて「学年」のファイルに時系列に綴じる。

「時系列に綴じる」とは、すなわち配られた順番に綴じるというだけのことなので、ファイリングに手間がかからない。

また、ファイルの種類が多いと、どのファイルに綴じるか迷うときが必ず出てきて、気付いたら異質な文書が混在していた、ということになるので、ファイルの分類はいたずらに増やさない。

2　色上質紙を挟み、日付を入れたインデックスを付ける

ここからは野口氏のアイデアにプラスαの方法である。

私は、**新しい文書を挟んだら、必ずその上に色上質紙を挟み、日付を入れたインデックスを付ける。**これだけで、俄然、ファイルが利用しやすくなる。

「日付だけでは文書の内容がわからなくて不便では?」と思われる方もいるだろうが、一度やってみてほしい。日付を確認するだけでも、人は意外に内容まで想起できるものである。少なくとも、この文書よりは前、あるいは後に綴じ込んだ、という程度の記憶はよみがえる。

3　引き継ぎのために色上質紙にメモ書き

仕事を引き継ぐときに役立つのが、このファイルである。引き継ぐことがわかった段階で、色上質紙に手書きで左のようなメモをするとよい。

○（この文書は）総会時に配付した一部
○（この文書は）今年度だけのもので、次年度は作成する必要なし
○（この文書は）年度末に必ず事務局へ提出すべき文書

走り書きでよいので、その上質紙を表紙としている**文書の説明を書いておくと、引き継いだ相手が文書内容を大雑把につかむことができる。**

そして、インデックスにも文書が検索しやすくなるようなキーワードを付記する。例えば「5／7総会」「12／3避難訓練」といった具合になる。

4　引き継ぎのポイント

引き継ぎをするときだが、前任者は、まずは**大まかに仕事の内容を伝える**ことを心がけたい。相手に「この仕事はこのようなことだ」と大雑把につかんでもらうことが大切だ。いきなり細部に話を進めてはいけない。自分が後任者の立場になってみることだ。

後任者はこの逆である。自分が引き継ぐ仕事を大雑把につかみつつ、時折、「ここまでにこの仕事を完了しておくのですね」といった言葉を挟み、**スモールステップで仕事を引き継ぐ感覚**をもちたい。

ファイルは大まかな分類でよいので、引き継ぎのときに後任者が仕事内容をつかみやすいようなファイリングを工夫するべし。

8 "我関せず" 職員の巻き込み方

1　固有名詞を入れて指示をする

「あなたにこそわかってほしい」「あなたにこそ聞いてほしい」と願う職員は、どの職場にもいる。

指摘を受けても、我関せずというタイプの人間だ。

だがリーダーは、躍起になってその職員をなんとかしようと思わない方がいい。もちろん、あきらめてもいけない。

では、どうしたらよいのか。

例えば、全体の場で指示を聞いても自分には関係ないと思うのだから、個別に迫るしかない。**指示の最中にさりげなく固有名詞を入れる**だけでも違う。

「今月末までに、学年として文書を出さなくてはいけません。皆さん一人ひとりに書いてもらわないといけないのです。特に○先生にはいつものユーモアあふれる文章を期待しています」

特に○先生にはいつものユーモア
あふれる文章を期待しています。

などと固有名詞を入れ、さりげなくプレッシャーをかけてみる。

2 一役一人制で舞台を用意する

自分には関係ないと思っている職員には、**その人がやらざるを得ない仕事を与える**ことだ。こう表現すると、マイナスのイメージがわいてしまうが、「その人の舞台を与える」と表現することもできる。プラスのイメージに転化するだけで、意識のもち方も違ってくるものだ。このようにして、チームの一員としての意識が低い者には、存在感が出てくるような配慮=舞台を与えるとよい。

例えば、校務分掌で言えば、形式的に各学年全員が何かしらの担当になるよう、必要がないのに一つの係に複数人を割り当てていないだろうか。長年の経験から断言するが、多くの職員は校務分掌の先頭に名前が書かれた者のみが担当であると思い込んでいる。

このことを念頭に置いて、「一役一人制」をとったことがある。一つの役目を一人が果たすという組織にしたのだ。当然、動かざるを得ない。「あなたの舞台はここです」とはっきり示したのである。

3 リーダーとペアになる

「一役一人制」をとっても、自分の担当に無頓着な職員はいる。腹立たしさを感じることもあるだろうが、リーダーが先に腹を立てては負けだ。

こういうときは、**リーダー自らがペアになり、果たさなければならない業務や場面を設定する**のはどうだろうか。ペアを育てる意識をもち、一声かけながら一緒になって業務に取り組む中で、チームへの所属意識を高めることができるはずだ。

「師弟同行」という言葉がある。師匠も弟子も同じ行い（振る舞い）をすることが、教えることの基本という意味である。リーダーとしての「師弟同行」の精神を問われていると考えてみよう。

4 日ごろの一言を忘れない

当事者意識が低い職員も、もともとそのように意識が低かったわけではないかもしれない。周囲の無関心が、本人の集団への所属意識を低下させてしまったとも考えられる。

このように考えれば、所属意識をもたせることは簡単である。日ごろの一言を大切にすることだ。業務を完遂した場合は、**職員集団の前でそのことを価値付ける一言を発する**ようにしたい。

当事者意識が低い職員には、役割を意識させる個別の指示・言葉かけをするべし。

❾ 授業力を高める機会のつくり方

1　子どもを語る教師集団

リーダーが「授業力を高めましょう」と投げかけるだけでは、何も変わらない。そもそも、「授業力」といっても、その要素は様々で、それぞれが課題としていること、すべきことも様々だ。

では、授業力を高め合うような空気を醸成するにはどうすればよいのだろうか。

まず、「何（だれ）のために授業力を高めなくてはならないのか」を考えてみるとよい。究極の答えは、「子どものため」である。子どもの成長を願う気持ちがあるからこそ、教師は授業力を高めようとするのだ。

この点を踏まえ、まず**教師集団で子どものことを語る機会を意図的に仕組む**というのはどうだろうか。子どもについて語り合うことは、子どもの見方を豊かにすることに通じる。

「○さんは、明るい子だね。いつもあいさつがしっかりできるよ」

「△さんは、頷きながら聞くことができるから感じがいい」

などと、それぞれが感じている子どもの所感を述べ合うわけだ。

2　授業力との関係

このことが授業力とどう関係するのかと思われるだろうが、子どもを見る力は授業力と大いに関係がある。

授業は個々の子どもの実態をとらえたうえでつくるものだ。**子どもを見る力がない教師は、子どもそっちのけで自分の論理ばかりで授業をつくってしまう。**机上の空論では、当然よい授業は生まれない。

職員室で授業について語り合うのは、己のことをさらけ出さなければならないので、なかなかできることではない。しかし、子どもについて語るのであれば、話もしやすい。

ここで留意したいのが、子どもの欠点の述べ合いにならないように、子どものよい面を伝え合うということだ。リーダーはこのことに留意して、率先して語りたい。

3 授業を意識させる情報提供

かつて勤めた学校の校長は、職員向けにほぼ毎日通信を出していた。私にはとてもできないことで、同職に就いた今、改めて尊敬の念を深めている。しかし、提供する情報が多すぎたのではないかとも思っている。よい情報でも、多過ぎると目を通すだけでも大変だ。校長自身の学びから構成された通信であり、貴重な情報だったが、過ぎたるは及ばざるがごとしだ。校長の親心はよくわかったが、生かせなかったものが多い。

しかしこの通信、日々の授業について意識するという点では効果を発揮していた。通信の小タイトルにあげられた「発問の技法」「全員を巻き込む技術」「だれもがノートを書く指導」といったキーワードが、職員室で授業についてのなにげない会話を生み出していたからだ。

発信の頻度や量に注意すれば、**リーダーが授業に関する情報を提供することは効果的**だ。

子どものよい面を伝え合う機会や授業技術に関する情報を提供することで、職員の授業力を高めるべし。

⑩ 職員の団結の持続のさせ方

1 研究発表会に向けて強固になる職員の団結

職員集団で大きな仕事を成し終えたときの充実感は、他に変えられないものがある。

例えば、研究発表会はその一つだ。

かつて文部科学省の指定を受けて「学校支援ボランティアとともに創る学校教育」というテーマで二年間にわたる研究を行い、発表会を開催したことがある。

授業公開形式ではなく、全職員が各教室に分散して、様々な形式によりボランティアとの協働授業を発表したことから、だれもが主役の研究発表会であった。

このときの充実感、達成感はいまだに体の芯に残っている。研究発表会が近づくにつれて、日に日に職員の団結は強固になっていった。

このとき私は教頭職だったが、当然のことながら、この団結を研究発表会が終わった後も持続させたいと考えていた。しかし、発表会が終わるとそれまでの勢いが急速に萎んでしまい、職員の意識もバラバラになってしまうということは少なくない。

その点を踏まえ、リーダーが伝えるべきは、**研究発表会はゴールではない**ということだ。

2 しっかりと振り返りをする

また、この団結を持続させるために、研究発表会終了直後に「振り返り」をしっかり行った。

単なる「反省」ではない。次年度にも同じように研究発表会を行うわけではないので、通り一遍の反省では意味がない。

そのため、研究を通して得たものをしっかりと価値付けしておこうと考えた。

また、研究のすべてが日常化できるものではない。研究発表会という非日常のためにわざわざ準備したものもある。そこで、そういったものはいったん取り除いて、**日常化しておくとよい事柄を明確にするための話し合い**を進めた。

この振り返りは功を奏した。

研究発表会終了後も、「学校支援ボランティアとともに創る教育」が、ごく普通に行われるようになったのだ。外部の方との協働は、刺激的で、おもしろいものだと多くの職員が実感したからというのももちろんあるが、振り返りによって、それらが継続されるべきものであると価値付けされたことも大きい。

3 リーダーによる小刻みな価値付け

何事にも波はあるものだ。「あのときは、あんなに全職員が一丸となってがんばろうと言っていたのに、現状ときたら…」と嘆きたくなるような局面もあることだろう。

そこで重要になるのが、リーダーによる「小刻みな価値付け」だ。

人は高所にばかりいると、いつしかここが高所だということを忘れてしまう。だからリーダーが現在の価値に気付かせるのだ。

「子どもがこの状態であるというのは、私たちにとっては当たり前ですが、三か月前を思い出してみてください。このような時間にこうして職員室で談笑するということはなかったじゃないですか。これが当たり前になっている本校をうらやましく感じている人も多いですよ」

このように、**具体的事例をあげて、価値付けをする**と、一丸となって歩んできたことをだれもが思い出す。

こうした価値付けを小刻みにするとよい。小刻みというのは、間隔をあまり開けないようにするということだ。すばらしい取り組みも、すっかり色褪せてしまってから価値付けしては効果がない。

振り返りをしっかり行い、「小刻みな価値付け」をすることで、職員の団結を持続させるべし。

4章
役職別
学校のリーダーの
仕事術

❶ 学年主任の役割と仕事術

1　学年主任の役割

学年主任の役割は、学年規模（学級数）にかかわらず、学年職員の要となることだ。年齢が高い職員から低い職員、経験が豊かな職員から浅い職員、押しが強い職員から弱い職員など、職員は様々な様相をもっていることを踏まえて、職員間を束ねることが大切だ。

職員が自分の所属する学校がいい学校かどうかを判断するとき、学年での居心地を判断材料にすることが多い。学年主任は特にこのことに心配りをしたい。

ここで、学年団の職員が「居心地がよい」と感じる要素を考えてみよう。

- **自分がこの学年で必要とされていると感じることができる。**
- **学年主任の方針がぶれない。**
- **学年主任の指示が速く、具体的である。**
- **学年主任と所属職員一人ひとりが結びついている。**
- **学年として足並みをそろえるべきところはそろえ、それぞれの判断でよいところには自由性がある、というようにメリハリがある。**

●互いの学級経営を認め合い、そのよさを日常会話の中で伝え合うことができる。
●どの学級でも活用できる資料等を常時共有できている。
●どのようなことも気軽に相談できる雰囲気がある。

次に、これらのことを実現させるための学年主任の仕事術を順次示す。

2 自分がこの学年で必要とされていると感じさせる仕事術

仕事の軽重は、その教師の力量に応じてつけるべきだが、まずはそれぞれが担うべき学年の仕事をはっきりさせることが肝要だ。そして、学年としての組織表を示す折に一言添えるといい。

「○先生には学習担当をお願いします。細やかに仕事をされますので、先生の仕事ぶりから若手は大いに学ぶと思います」

「□先生には、生徒指導担当をお願いします。各学級の足並みをそろえるべきところは、ぜひしっかりと主張していただければと思います」

「△先生には、スキー研修担当をお願いします。二年後の修学旅行につながるものですので、子どもには宿泊研修の基礎基本を徹底して身に付けさせたいのです」

このように一言があるのとないのとでは、相手への伝わり方が違う。**学年主任が自分の存在感を認めてくれる一言は大きい。**

3　方針がぶれないようにするための仕事術

問題はどこの学校でも発生する。発生しない方がむしろおかしいと考えておいた方がよい。大切なことは、学年主任の問題への対応の仕方がぶれないことだ。

もちろん、学年主任一人ですべて対応する必要はない。学年団の他の教師に意見を求めればよい。ただ、そのとき、**学年主任自身の考えを示せるかどうかというところで力量が問われる。**

「○が起こってしまいました。どうしましょう…？」では、あまりにも情けない。

「○が起こってしまいました。担任として、自分の学級に該当者がいないかどうか調べてください。その状況から、それ以後どう動くかを決定したいと思います。みなさん、どう思われますか？」

このように「どうしましょう」とだけ聞くのではなく、自分の考えを具体的な行動で示した後、「どう思われますか」と聞くようにすると、印象がかなり違う。当然、後者の方が頼りになると思われるはずだ。

年度はじめに提示する学年経営方針に工夫を加えておくのも、方針がぶれないようにするための仕事術の一つだ。例えば、「一人ひとりの子どもを大切にする学年経営」を掲げたとする。この具現化に向けて、「一例としてこのように考えている」という具体例を示しておくとよい。

「一人ひとりの子どもを大切にするということの一例として、どの学級担任も学期に一度は子どもと一対一で話す相談時間をもってもらいたいと思います。そのための時間調整をします」

教育界は、美辞麗句に慣れきってしまっていて、その言葉の根本まで考えることが少ない。しかし根本となる部分、芯となる部分を踏まえていないと、方針がぶれることになる。その防御として、具体例をあらかじめ示しておくことが有効なのだ。

4　指示を速く、具体的にするための仕事術

「誠意はスピード」だ。気持ちがあっても、行動が伴わなければ相手には伝わらない。どれほど立派な行動をしても、遅延によって相手に認めてもらえないこともある。

指示のスピードを上げるためには、指示するための情報を素早く正確に得ることがポイントである。該当学年の先生方に**「情報の第一窓口は学年主任」と日ごろから伝えておく**とよいだろう。そして実績を重ねることだ。そうすることで、学年主任に情報を伝えると対応が速いという信頼を得られるようになる。

5　所属職員一人ひとりと結びつくための仕事術

人が「あの人と結びついている」と感じるのはどのようなときか、考えてみてほしい。

私自身の経験でいえば、やはり意思疎通がしっかりできているときに、結びつきを強く感じることができていた。例えば学年部会で、

「〇さん、こういうことをやりたいのでしょ？」

「〇さんなら、こうすると思うけど、どう？」

などの言葉で学年主任から意見を求められたときには、「主任は私の気持ちをわかってくれている」と喜んだものだ。

当時を振り返ってみると、日ごろの何気ない会話によって、学年主任は学年団の職員の気持ちをとらえていたようだ。**ちょっとした一言をよいタイミングでかけることができるかどうかで、結びつきを感じる度合いは違ってくる。**

6 そろえるべきところを明確にする仕事術

現任校の学年主任を見ていると、学級数が多いこともあり、書類の締切日など学年で足並みをそろえるべきところを徹底して守るようにしている。ここで不徹底があると、決められた通りに行っている学級担任から不満が出ることになるからだ。まずは、打ち合わせ等でそろえるべきことを明確に述べ、それを学年黒板に書いたり、紙に書いたりして提示している。

○教科書記名４月10日までに徹底
○調査票４月20日締切
○学習計画案５月８日まで

といった具合だ。**その下に完了した学級名を付記していく**というような工夫もあってよいだろう。

7 互いの学級経営を認め合う風土をつくるための仕事術

互いによさを認め合い、生かし合うことができる風土の中にいると、居心地が実によいものだ。この風土を学年団の中につくり出すうえで、学年主任が果たす役割は大きい。

まず、学年部会の折に、各学級担任が自らが求める学級像を語り合う時間を設けてはどうだろうか。

かつて各学級経営案をA３判一枚にまとめて印刷し、それをもとに話し合いをしたことがあった。互いの学級経営方針を大づかみすることができる点、互いに学級経営の土台としていることを知り合える点で、とても有意義な時間になった。

また、**学年主任は各学級の「いいとこみつけ」**を積極的に行いたい。まずは各教室をのぞいてみることだ。ちょっとした時間でよい。

「この学級は休憩中に次の授業準備ができている子どもが多い」

「（体育で移動している学級内を見て）制服がきちんとたたんであるな」

「（給食後に）机の整頓がきっちりできている学級だ」

などと、学年主任自らが各学級の「いいところ」を見つけ、学級担任に直接伝えたり、学年の打ち合わせ等で紹介したりするとよいだろう。

8 どの学級でも活用できる資料等を常時共有するための仕事術

近年は、ネットワークが完備されている職員室も多い。これを文書管理に生かさない手はない。簡単な方法だが、**学年のフォルダの中に月別フォルダを設け、それぞれがつくった文書を保存する**ようにするとよい。

月別フォルダより、「道徳」「配付資料」「掲示物」といった分類の方がよいと思われるかもしれないが、フォルダを文書の内容で分類すると、次第に分け方がぶれてくる。ルールを決めておいても、どのフォルダに保存すべきか迷う場合が必ず出てくる。

その点、月別フォルダへの保存は迷うことがない。五月に作成した文書であれば、五月フォルダに保存するだけである。ファイルには自動的に日時が記録されているので、フォルダ内で時系列に並べることもできる。

保存されたデータを他人が活用する際にも、月別フォルダは使いやすい。同じ学年の職員なので、どの時期に保存されたデータであるかは、容易に想像がつく。これは、文書の内容で分類したフォルダから推測して探すより、ずっと楽だ。

9　どのようなことも気軽に相談できる雰囲気をつくるための仕事術

相談してみようと思わせる雰囲気がある学年主任と、そうではない学年主任では、耳に入ってくる情報量にかなりの差が生じるということを肝に銘じておきたい。

では、どのようなことに配慮すればよいのか。私は**「微笑み返し」**を提唱したい。「目は口ほどに物を言う」というように、日ごろから微笑みを絶やさない相手には心を開くことができる。目で「どうぞ何でも相談してくださいよ」と伝える方法が、「微笑み返し」だ。

実は私自身、以前に「表情がいつも厳しい」と指摘をしてくださった方がいた。つい構えてしまう性質で、その指摘は十分にうなずけた。そこで心がけたのが「微笑み返し」だ。相手からも微笑みが返ってくるようになり、会話が弾むようになった。相手は自分を映す鏡だ。

❷ 教科主任の役割と仕事術

1　教科主任の役割

教科主任の役割は、その学校の該当教科の指導について責任をもつことである。「責任をもつ」ということについて、具体的に示しておこう。

●教科指導についての全体計画を立案し、その計画の具現化を図っている。
●該当教科の学習指導要領に精通している。
●教科指導における共通の取り組みを提案し、指導者による差があまり生じることがないように配慮している。
●教科部会を開催し、学校全体の指導の状況を把握したり、指導上の課題や悩みについて話し合ったりする機会を設定している。

2　教科指導についての全体計画を立案するための仕事術

計画立案のよりどころとなるのは、学習指導要領及び該当教科の学習指導要領解説、また、使用教科書とその指導書である。

ところで、教科ごとに学習指導要領の解説が発行されていることを知らない方もいるようだ。

価格とあわせていくつか例を示しておく。

小学校国語編…122円　小学校算数編…250円　図画工作編…85円
中学校社会編…175円　中学校数学編…242円　外国語編……72円

価格の安さに驚かれた方もいるかもしれない。文部科学省はこれらをネット上ではすべて無料で公開している。教科主任なら必ず手元に置いておくべき資料だ。内容は学習指導要領に示された事柄の詳細や背景である。

例えば、中学校数学では、数学科改訂の要点として、次のように記述されている。

「中学校数学科の指導は、与えられた問題を解いて答えを求められるようにすることだけを目指すものではない。これまで述べてきたように、基礎的・基本的な知識及び技能を習得し、それらを活用して問題を解決するために必要な思考力、判断力、表現力等をはぐくむことと、数学の学習に主体的に取り組む態度を養うことにバランスよく取り組む必要がある」

このように一つひとつの事柄について、背景としていること、指導する際に特に留意することなどが書かれている。**教科指導の全体計画を立てるうえでの一級資料**である。

教科書の指導書も、計画立案のためには必ず目を通しておくべきものである。教科書会社が示した年間の学習進行計画も掲載されているはずである。

3　学習指導要領に精通する仕事術

学習指導要領に目を通していない教師がいる。これは年齢にかかわらない。現在の学習指導要領は、文部科学省から無料配付されたにもかかわらず、ちらっと眺めただけという教師も多い。

学習指導要領がすべての大本となっていることをいま一度認識したい。言うまでもないが、教科書は学習指導要領に基づいて作成されている。学習指導要領の改訂により、教科書内容が大きく変更されることの重みを感じたい。したがって、学習指導要領に精通していない教科主任であってはならない。

学習指導要領に精通するには、**一つ一つの文言にこだわって読む**ことが重要だ。例えば、教科目標の一言一言に注目するとよい。小学校国語の目標は次の通りである。

「国語を適切に表現し正確に理解する能力を育成し、伝え合う力を高めるとともに、思考力や想像力及び言語感覚を養い、国語に対する関心を深め国語を尊重する態度を育てる」

「国語を適切に表現し正確に理解する能力」という文言にこだわってみるとよい。「表現が理解より先に置かれているが、順序性はあるのか」など、質問したくなることがすぐに出てくるはずだ。

そこで解説を見てみる。生じた疑問への回答が書かれていることに気付く。例えば、先の質問については、次の記述がある。

「『適切に表現する能力』と『正確に理解する能力』とは、連続的かつ同時的に機能するものであることから最初に位置付けている」

順序性はないことがわかる。

4　教科指導における共通の取り組みを提案するための仕事術

基本的に、授業は各教師がつくるべきものであるが、学校全体や教科ごとで統一しておくことも大切である。教科主任は、**教科の特性を踏まえ、積極的に共通事項・共通行動について提案する**ことを心がけたい。

例えば、あなたが算数の教科主任だとしよう。すべての学級で共通して取り組んでおきたいことを考えてほしい。

「算数授業のはじめの三分間に、フラッシュ型計算練習をしませんか」

このような提案は教科主任だからこそできるものだ。ちなみに「フラッシュ型計算練習」とは、カードを使って行う計算練習である。カードの表には計算問題が、裏には解答が書かれていて、子どもに問題を提示し、即座に答えさせる計算練習法だ。カードを使わずコンピュータと大型ディスプレイを活用して、同様のことを行うこともできる。

この取り組みをさらに発展させて、例えば、「計算力向上月間の設定」を提案してもよいだろう。目的、達成目標、具体的取り組みなどを提案して、教科主任の立場から学校の学力向上に積極的に貢献したい。教科主任にはこのような役目があることをぜひとも認識しておきたい。

5　指導者による差を生じさせないための仕事術

指導者による差は、学力向上など様々な面でも差を生じさせてしまう。これは致し方ないことではあるが、教科主任はその差をできるだけ小さくすることを心がけるべきである。

授業のはじめに今日のねらいを板書する、主発問は常に黒板に提示（板書）しておく、授業の最後には振返りをさせる…など、ある程度、同一歩調で授業を進めることは、指導者による授業成果の差を小さくすることに通じる。このように、足並みをそろえられる取り組みを考え提案するのも教科主任の役割である。

共通したワークシートの活用や共通した小テストを提案するのもよいだろう。経験が浅い若手は、それらを見るだけで学びになる。

実践を始めたら、ときどきその評価をすることも大切だ。評価と言っても、大それたことをする必要はない。教科主任として、実践が継続されているかを確認する程度のことでよい。その際、「足並みをそろえています

か？」と直接的に聞くのではなく、

「授業の始まりにねらいを書くようになって、何か変化がありましたか？」

「主発問を黒板に書くと、話し合いが混乱した際に発問に立ち戻ることができて便利ではありませんか？」

「振り返りの中で、次の授業につながっていくものがありませんか？」

などと、**共通行動による変化や成果を聞く**とよい。それだけで、意識が薄れた職員へのよい刺激になる。

6　指導上の課題や悩みについて話し合う機会を設定するための仕事術

指導上の課題や悩みを話し合う場を設定することも、教科主任の役目である。しかし、課題や悩みを積極的に相談することはなかなか容易ではなく、単に話し合いの場を設けただけでは、活気ある話し合いをすることは難しいだろう。そこで、**教科主任自らが己の課題や悩みについてさらけ出す**ことが大切だ。他人の心を開かせるには、まずは自分の心を開くことだ。

中学校で数学の教科部会を開催していたときのことである。そのとき私は、「数の範囲と広がり」の授業がつい説明中心となり、集中力を欠く生徒が多くなって悩んでいた。そこで、思い切ってこのことを相談してみた。すると、自分ばかりが困っているのではないということがよくわかった。どの数学教師もこの箇所は説明中心となり、生徒を引きつける授業ができないという。共通の悩みであるとわかったところで、全員で活動的な授業になるように知恵を出し合うことになった。ある人のアイデアがきっかけとなり、とてもおもしろい授業展開案ができた。実際にその流れでやってみると、これまでにない生徒の食いつきがあり、指導に自信をもつことができた。抽象的な相談ではなく、具体的に教科書のページを示して相談したことも、話し合いをよりよいものにする要素となった。

7　教科部会の運営術

教科部会は、本来ならば、小中いずれの学校でも開催されるべきものだが、小学校では学年部会の中で教科に関する話し合いがされることが多く、教科部会を意識することは少ない。

したがって、ここでは中学校における教科部会の主任としての仕事術を書いておく。

かつて教科（数学）主任をしたときには、部会の冒頭で主に次の2点について報告を受けることにしていた。

○各教科担任の指導範囲（主にテスト範囲を決めるための情報交換）
○単元テスト分析（単元テストの学級別平均点、誤答が多かった問題とその誤答例）

ほぼ週に一回のペースで開催することができていたが、頻繁に情報交換することで、数学の学力は確かに向上した。単元テストの平均点を報告し合うのは、ある意味辛いことでもあるが、自分の指導力を振り返るための貴重な情報となっていた。また、**誤答例を基に、どのような指導をすると誤答が少なくなるのかと教科担当全員で考える**機会があったことは、互いに授業力を高めるうえで有効だった。

また、教科主任として心がけたことに、情報提供がある。例えば、『数学教育』などの月刊誌から我が校にとって有用であると思われる記事は、そのポイントをまとめて提供していた。自らの数学力を高めるうえでも役立ったことは間違いない。

さらに、年に一、二度は教科だけで懇親会を開催した。数学科が我が校の学力を現在の位置まで高めた（事実かどうかは怪しい）という自負もあって、宴会では大いに盛り上がった。

❸ 研究主任の役割と仕事術

1 研究主任の役割

研究主任の役割は、研究を推進することに尽きる。仕事内容を具体的に示しておこう。

●研究主題を提案し合意を得る。
●研究計画を立案する。
●研究の進捗状況を把握し、修正等が必要なところにアクションを起こす。
●研究内容の検証と今後の展開について考えることができる場を用意する。
●研究発表会全般にわたって責任をもつ。
●研究のまとめをする。

このように、やるべきことは多い。上手に時間を使って効率的に仕事を進めたい。

2 研究主題を提案し合意を得るための仕事術

研究主任の大きな仕事は研究主題の提案である。研究主任という立場になったのだから、ぜひ自分の色を出したいものだ。もちろん管理職をはじめ、全職員の合意が得られるものでなくてはならない。

まずは自校の過去数年間の研究主題を書き並べてみるとよい。一年間という期間で取り組み、達成できることだろうか。

例えば、あまりにも抽象的で、どう取り組んできたのかわからない主題ではないだろうか。もしそうであれば、チャンスだ。主題をシャープにするだけで研究主任の存在価値が生まれる。

愛知県一宮市元教育長の馬場康雄先生は、かつて校内の研究主題があまりにも大仰で、学校の実態をとらえていないと言われ、次のような研究主題例を出された。

「子どもがだれる午後の授業の活性化を考える」

「水泳授業後の教室での授業の集中力を高める方法を創造する」

「朝・帰りの短学活の時間を充実させる手法開発」

これが研究主題でよいのかと思う方もあるだろう。「思考力・判断力・表現力を育成する授業の創造」といった一般的な研究主題と比較して格調高さが感じられないと思う方があるだろう。

しかし、どちらの主題が研究に取り組みやすいだろうか。多くの教員が身近に感じる課題はどちらだろうか。**研究主題は飾り物ではない**のだ。

職員にアンケートをとり、どのようなことを課題と感じているかを聞いてみることも一つの方法である。それを踏まえた研究主題の提案であれば、職員の合意も得やすい。

3　研究計画を立案するための仕事術

研究主題提案の次に大切な仕事は、研究計画の立案である。主任としての動きをイメージするためにも詳細な計画を立てたい。

四月　研究主題提案決定。研究計画立案提案。年間研究授業者決定（各学年で一、二名の授業者を決める。主任（自分）の思いを伝えるために授業者と話し合う機会を設ける）

五月　研究授業検討法について提案、審議（本校は授業検討法にも課題がある。形式的に検討がされている。ここを打破するための提案をする）

六月　第一回研究授業。授業検討法そのものについても検討をする（研究主題に照らし合わせた達成具合について参加者の考えを集計できる方法を考える）

この例のように、**研究主任としてどう動くのかを計画の中に織り込んでおく**とよい。

4　研究の進捗状況を把握し、修正等が必要なところにアクションを起こすための仕事術

当然であるが、計画したように研究は進まない。主任として、そういうものだと思っていた方がよい。課題を把握したら、その都度、修正すればよい。

手軽に修正を行う方法がある。それは、**研究授業を修正の機会とする**という方法だ。かつて「学校支援ボランティアと共に創る授業」を主題として研究を進めたことがあった。文部科学省からの指定研究である。計画では第一回目の研究授業を一つのモデルプランとしようと考えていた。ところが、その研究授業はまったくひどい結果となってしまった。「学校支援ボランティア」を生かすどころか、ボランティアの活躍の場はなく、学校に招いたことをとても申し訳ない気持ちになった授業だった。

研究主任は、その授業者に次のように依頼した。

「先生の失敗を次に生かしたいと思うのです。失敗こそ、この研究を推進させる原動力になると思うのです。A４判一枚程度でよいので、なぜ失敗したのかを書いていただけませんか」

なかなか言えることではない。しかし本質をついている。研究主任が「このような失敗でした」と紹介するより、本人が述べてくれた方がよい。その教員は翌日にレポートを提出してくれた。すぐに印刷配付された。そのレポートに記された内容は、研究を成功させる重要ポイントとなったことは言うまでもない。

5　研究内容の検証と今後の展開について考えることができる場を用意するための仕事術…

かつて自分が試みた方法を紹介する。年間一〇回の**研究授業の足跡を見える化**した試みだ。

職員室前廊下の掲示物をすべて撤去し、「学校支援ボランティアとともに創る授業の記録」という見出し掲示をした。そして研究授業を終えるたびに、来校いただいた学校支援ボランティアの方の写真、授業内容、研究として明確になった事柄などをまとめた掲示を行った。次の研究授業が終わると、その横に同項目の授業記録の掲示物を貼った。これを一年間続けた。

体感できた効果は次のものだ。

●研究授業の記録は、研究の進捗状況を示すものである。それを掲示することで、だれもが状況を把握することができた。

●掲示板が埋まれば埋まるほど、研究授業の回数が増えていること、それに伴い貴重な実践からの学びを得ていることが実感できた。

●掲示物が次の研究授業者へのよい意味でのプレッシャーとなった。
●学校支援ボランティアの写真が、学校がどのような方に助けられているかを示した。
●他のボランティアの方の写真を見ながら、自分も学校に協力できたことを喜ぶボランティアの方の姿を見ることができた。
●足を止めて掲示物を見る来校者が増え、掲示を話題にして来校者との会話が増えた。

このように、研究内容の検証と今後の展開を考える機会を生み出す、効果的な掲示となったのだ。

6　研究発表会全般にわたっての仕事術

研究発表会を開催するとなると、まさに研究主任の肩にかかる責任は重大だ。しかし、**一人ですべてを背負わず、コントローラーのつもりでいること**が大事だ。研究発表会までに必要な仕事を列挙し、それを全職員に割り振る。必要な仕事については、すでに研究発表会を行った学校から資料を取り寄せればよい。二、三校から取り寄せると、自校で必要な仕事が見えてくる。

短期間勝負の仕事なので、仕事分担一覧を職員室に表示し、完了した仕事には、選挙の当選者に花をつけるようにするとよい。完了業務の見える化だ。口頭で仕事の遂行を促すより、効果があるものだ。職員への感謝の一言も忘れてはならない。

「早くに完了していただきありがとうございました」

の一言は、だれしもうれしいものだ。他の仕事も進めようという気持ちになるはずだ。

また、「研究発表会であればやるべきことだ」と思い込んでいる事項や、必要、不必要の検討もせず、当たり前のように行っている仕事が必ずある。例えば、案内を兼ねて研究授業の教室に授業内容、授業者を示す掲示を行う学校があるが、まったくの無駄だ。すでに資料で示してあるものを重ねて提示する必要はない。「他の研究発表校であったので」といった不明確な目的で実行しない。判断するのは研究主任の役割である。

7 研究のまとめのための仕事術

暴言と言われるかもしれないが、研究のまとめ（研究紀要）は本当に役立つものだろうか。かつて愛知教育大学附属名古屋中学校で研究主任をしたときのことである。毎晩、遅くまで研究のまとめをつくるために、一言、一言、検討していたときだ。そのときの副校長が次のように言い放った。

「皆さんが真摯に検討している姿はすばらしい。しかし大事なのは当日の公開授業だ。参加者は研究のまとめを先に目にしない。まずは授業を見る。授業を見ていて、こんなすばらしい授業をつくり出すには、どのような考え方で、実践を重ねてきたのだろうと思い、はじめて研究のまとめを見る。だから授業に魅力を感じさせなければ、こんなに苦労してつくっている研究のまとめも日の目をみない」

痛烈な指摘だった。大切な授業検討をないがしろにして、何が「研究のまとめ」だと、研究主任の自分が思ってしまったのだ。何かふっきれたものがあって、思わず、次の質問をした。

「この学校に赴任する前に、本校の研究のまとめを読んだことがある人は手を挙げてください」

哀しいことに数名しかいなかった。

研究のまとめを否定しているのではない。細部にこだわり過ぎてはいけないということだ。情報発信が手軽にできる時代になったのだから、研究のまとめも年度の最後に発表するのではなく、学校ホームページで、随時発信すればよい。**小刻みな発表は、振り返りの機会を生み出し、研究を進化させる**ものである。

❹ 校務主任の役割と仕事術

1　校務主任の役割

校務主任という言葉になじみがない人も多いことだろう。愛知県では校長、教頭、主幹教諭、教務主任とならぶ役職である。他の都道府県は、愛知県のように役職として位置付けてはいないが、校内外の施設を管理する立場の校務分掌はどこでもあるはずだ。ここでは校務主任は管理活動の中心者と読み替えていただきたい。

2　管理活動の計画、運用に関する仕事術(1)

管理活動は幅広い。まずは校内施設の管理についての仕事術を紹介する。

四月早々に校内管理分担が割り当てられる。その分担を割り当てるのが校務主任である。**適切な管理分担をつくるコツは、それぞれの教師の日常的な動線を踏まえること**である。

学級担任の担当は、当然であるが、まずその教室である。次に、学級担任は職員室から教室までを日常的に往復しているので、例えば、その間に便所がある場合、そこをその教師の担当とすると無理がなく、気付くことも多い。

保健体育教師であれば、運動場に出入りすることが多いので、運動場を担当にするとよいだろう。

校内施設の鍵の管理も校務主任の役割である。鍵は一括管理しておくことが大切である。様々な管理の方法があるが、必要なときにすぐに使え、必要でなくなったときにはすぐに戻せるようにシステム化すべきだ。

例えば、管理箇所ごとに鍵をかけておくボードを用意するとよい。フックの下に管理箇所名（多目的室、音楽室1、図書室…など）を書いておく。こうしておくことで、鍵をかける場所で迷うことはなくなる。また鍵がかかっていない箇所を見ると、どこの鍵が戻ってきていないかが明らかである。

校務主任は、退勤するときにこのボードを確認することを習慣化するとよいだろう。鍵の紛失に気付くのが遅れると、大きな問題が発生することもあるからだ。

3　管理活動の計画、運用に関する仕事術(2)

職員の作業室（印刷、帳合、穴あけ、切断など）や作業場所の管理も校務主任の重要な仕事である。管理のポイントは、自分の経験を生かすことだ。**自分が作業するときのことを思い出し、作業をするうえで何かしら支障がないかと考えてみる**のだ。

例えば、印刷ミスをした用紙が出たとしよう。あなたの学校では、どのように処理することになっているだろうか。そのままゴミ箱に入れるようにしている学校、印刷された面を下にして箱に入れるようにしている学校、さらに印刷ミス面に赤鉛筆などで斜線を引いて箱に入れるように指示されている学校など、様々である。経費削減と環境保護のためにも、紙の再利用を心掛けるように校務主任として配慮したい。

ただし、個人情報を掲載した情報が印刷された紙が再利用箱に入れてあったために、プリントを配付した折に、「裏にこんなものが印刷されていました」と子どもが持って来た、といったようなことがないように注意したい。

4 管理活動の計画、運用に関する仕事術(3)

昨今では、職員に配当されたコンピュータを管理するのも校務主任の仕事となっている。高価な備品であり、ちょっとした扱い方の間違いによって不具合が生じることもある。神経を使う管理活動の一つだ。

またセキュリティ面での管理も大切である。本市ではメンテナンス作業を依頼している業者によって、パスワードが半年ごとに更新されている。本校においては、全職員のパスワードを管理しているのも校務主任である。職員が不在のときに、個人配当のコンピュータからデータを引き出さなければならないような場合があるからだ。

本市は恵まれた環境にあり、毎月一回、システムメンテナンス業者が訪問し、全職員のコンピュータや教室配置のコンピュータの点検を行っている。毎月点検が必要なのかと思うだろうが、点検時に発見される不具合がいくつかある。もし業者点検がなければ、校内職員だけでメンテナンスをしなければならない。**教師の仕事ではないという認識をもち、教育行政のプロによるメンテナンスを提案する**とよい。

5 学校環境を整備するための仕事術(1)

「環境が人をつくる」とよく言われる。常に整った環境にいると、心も落ち着くものである。逆に、騒然とした環境の中で過ごすと、落ち着いて仕事をすることはできない。学校環境は子どもにとっても職員にとっても重要な要素であることを再認識したい。

学校環境といっても様々だ。まずは教室環境を整える仕事術から紹介する。

校務主任は、教室配置を提案する役目を担っている場合が多い。毎年、各学年の学級数が同じであればいいが、年度ごとに学級数は変化する。それに応じて、学年主任の考えも聞きながら、教室配置を提案したい。校舎の構造によることも多いが、私の勤務校でも教室配置は毎年変更させている。

教室配置が決まると、その教室の子どもの数が決まる。次に配慮したいのは机・いすの規格と子どもの体格をできるだけ一致させることだ。机やいすの高さを気にする子どもは少なく、与えられた環境をそのまま受け入れてしまうことが多い。だから、体格と机・いすの一致は、大人が配慮すべきことである。その中心となるのが校務主任だ。

養護教諭と連携し、教室ごとに机・いすの配置一覧を作成するとよい。子どもの身長、座高から適切な机・いすの号数（規格）を算出し、配当されている机・いすの学校全体の配置計画を示すとよい。一度データファイルをつくっておくと、何度でも活用できるので、ファイル作成をおすすめしたい。子どもは成長するので、少なくとも年度に一度は規格の割り出しをしておきたい。

教室に配置する物品は全校で統一しておきたい。小学校であれば、時計、定木、コンパス、体温計など、各学校で配置しているものは異なる。それらの最終管理をするのは校務主任である。もちろん、管理担当者が第一責任者であるが、年度末・年度はじめには、校務主任が教室備品を確認し、全教室（学年ごとの場合がある）で統一しておくべきだ。

6 学校環境を整備するための仕事術(2)

廊下の環境整備について書かれた文書は、今まで目にしたことがない。もともと廊下は移動するための空間であり、物を置いておくところではないので、廊下を管理するという意識が低いからだと思われる。しかし、廊下の掲示物は別物である。掲示の工夫次第で子どもたちの心は豊かになるものだ。

校務主任がすべての廊下の掲示板を管理することは不可能なので、分担管理とすべきだ。しかし、廊下の掲示計画は校務主任が立案・提案したい。立案時に反映したい事柄は学校の教育目標である。多くの学校ではこのことを忘れている。学校の教育目標等を直接掲示するという意味ではない。教育目標等を解釈して掲示をすることが大切だ。

本校の重点目標の一つに**「ABCDの原則」**がある。

A＝当たり前のことを
B＝バカにしないで
C＝ちゃんとやれる人こそ
D＝できる人

言い換えれば「凡事徹底」である。廊下にも、この「ABCDの原則」を想起させる掲示物がほしい。例えば、「当たり前のこと（姿）」を示す写真を貼り、写真にあらわれている姿のよさを価値づけるコメントを加えた掲示物を作成しておく。何人かの子どもは、ふとしたときにその掲示物を思い出すに違いない。学校行事や部活動でのすばらしい姿をあらわす写真も効果的だ。身近な人に、「ABCDの原則」をしっかり守り、望ましい学校生活を送っている仲間がいることを掲示物で伝えるわけだ。

廊下環境プロジェクトチームを立ち上げ、職員の知恵を結集して変化させるのもよい方法である。多くの職員がかかわることで環境整備の意識高揚を図りたい。

7 学校環境を整備するための仕事術(3)

職員室環境を整える仕事も校務主任が主導して行いたい。ある意味、環境整備は子どもより大人相手の方が面倒である。提案しても、なかなか全員一致で動けないからだ。個々のスタイルがあるので、職員室の整理整頓を断念せざるを得ないという話を聞くこともある。

職員室の環境を整えるポイントはただ一つである。**不要となったものは、ドンドン捨てる**ことだ。ものが多過ぎるから整理がつかない。ものがなければ短時間で片づけもできる。校務主任として、学期に一度程度、「不要物を捨てる日」を提案してみてはどうだろうか。

改めて職員室を見渡すと、実に多くの無駄を行っていることに気付く。

例えば、各自でファイルを持ち、職員会議があるたびに文書を綴る。全員が同じ作業をしているのだから、年間の職員会議綴は相当なものになるだろう。

しかし、そのファイルを見返すことはほとんどない。年度末になると、一斉に処理する風景に出会う。保管していたファイルを何回見直すことがあったかと聞きたくなるほどだ。

学校の環境にもよるが、いっそのこと、ペーパーレス職員会議を目指してはどうだろうか。職員室ネットワークの中に職員会議フォルダを用意しておき、その中から必要文書を引き出し、コンピュータの画面で提案を受ける。そうすると、紙は一切不要となる。私の勤務校では実際にこのようにしている。こうした職員室環境整備への将来にわたる提案をしていくのも、校務主任の役割だと認識したい。

❺ 教務主任の役割と仕事術

1 教務主任の役割

教務主任は、教育課程の総責任者であり番人である。学校教育法施行規則には、「教務主任は校長の監督を受け、教育計画の立案その他の教務に関する事項について連絡調整及び指導、助言に当たる」と記されている。四月立ち上げ時の教務主任の仕事量は膨大である。また、年間にわたって常に先を見て提案し、その進捗状況を把握し、修正をかけるべきところは随時修正していかなければならない。管理職からの指示や提案、職員からの相談も多いのが教務主任である。以下にその役割を示す。

- ●年間指導計画の立案・提案
- ●年間授業時数の提案・調整
- ●日課表の提案・運用
- ●学年・学級経営の指導・助言
- ●教材・補助教材に関することのとりまとめ
- ●教科書に関することのとりまとめ
- ●教育評価についての提案・運用

これがすべてではないが、主な役割を挙げただけでもこれだけとなる。まさに大役である。

2 年間指導計画の立案・提案にかかわる仕事術

年間指導計画は、四月当初あるいは三月末の大切な仕事である。基本は前年度に倣って計画することになる。長年同じ位置にある行事などは前年度踏襲と考えた方がよい。これだけでかなりの日程を決めることができる。

私は、本年度の年間指導計画を運用しながら、次年度の年間指導計画を立てることを心がけていた。具体的に言うと、例えば、体育大会が無事終了したら、終了日からあまり時間を空けずに次年度の計画を立てる。今年度の様子が頭の中に鮮明に残っているからだ。「練習時間は適切であったので次年度もこのままいこう」「委員会が準備のために集まる時間が短すぎたので、次年度はプラス一時間確保しよう」などと、事実を基に次年度計画を組んだ。**本年度と変更した点は、その理由をメモ書きしておく**ことが大切だ。翌年度になぜそうしたのか忘れていると混乱が生じるからだ。

3 年間授業時数の提案・調整にかかわる仕事術

年間授業時数提案については、痛い思い出がある。教務主任として赴任した一日目である。ベテランの女性教師からいきなり質問を受けた。

「教務の先生、今年度の道徳の時間は何時間あるんですか?」

冷たく突き刺さるような口調を思い浮かべていただきたい。

「すみません。まだ授業時数までは見通しができていないのです…」

赴任初日である。「そんなことを言われてもわかるはずはない。三五時間は確保できているが、初日から明らかにしなければならないことなのか。これは前年度の教務の仕事だ…」と言いたかったが、そのようなことを言えば、百倍も言葉が返ってきそうで控えた。他の職員に聞こえるように「まだわからないそうよ」と言いながら、自席に戻るそのベテラン教師に反感を覚えたことは確かだ。

悔しさが仕事をさせたと言ってもいい。徹夜をして、翌日には詳細に一年間の授業時数を決定し、配付した。ベテラン教師からも「ありがとうございます」の一言があり、悔しさは少々収まった。

この話には後日談がある。そのベテラン教師の道徳授業を参観した。子どもとともにつくり、子どもの道徳観を揺さぶるすばらしい授業だった。それまで見た道徳授業の中で一番と言えるもので、脱帽した。年間指導計画を基に道徳授業で扱う徳目やその内容を綿密に考えて取り組まれていたのだ。この方なら四月早々に授業時数を聞かれるのは当たり前だと思った。**四月早々に年間授業時数を提示することは、授業を大切にしてほしいという教務主任からのメッセージになる**ということを学んだ。

4 日課表の提案・運用にかかわる仕事術

学校生活の一日を左右するのは日課表である。ほとんどの学校は固定的なものだが、新年度に新たに提案する際に、前年度の振り返りはしておきたい。昨今は授業時数の確保のために日課も少々無理をしている場合がある。致し方ないこととはいえ、教務主任として日課表設定の理由を明確に説明できるようにしておきたい。

教務主任の手腕が問われるのは日々の日課表の運用である。例えば「今日は教育研究会があるので早めに下校時刻を設定しなければならない」「授業公開日で給食の開始時間の調整が必要である」「集会が長引いたのでお昼の休憩時間を5分短くし、それ以後は通常の時間設定をする」など、週のうちに何度か、適切な運用をするために判断しなければならないことが出てくる。

私が教務主任をしていたときには、その都度変更点を記録しておいた。しばらくして整理をしてみると、固定した日課表のほかに八種類のパターンがあることがわかった。それ以後は、今日はどのパターンに当てはまるのかを考え、職員室黒板に早々に明記しておいた。早めの指示が混乱をなくすことは言うまでもない。

5 学年・学級経営の指導・助言にかかわる仕事術

学年・学級経営は学年主任、学級担任がするものだが、教務主任として一定の指導・助言はしておきたい。指導・助言のチャンスは何度でもある。例えば、教務主任として学年経営案や学級経営案を点検するときだ。特に経験が浅い教師の経営案はしっかり目を通したい。できれば、その教師を鍛える意味で、経営案に対していくつか質問をしたい。

「『一人ひとりの結びつきを大切にする』と書いてあるのですけど、具体的にはどういうことをしようと思っているのですか?」

「『忘れ物を少なくする』という指導目標ですが、特定の子どもが多いのではないでしょうか? 個別指導まで想定していますか?」

「この目標なら、子どもが抱えている悩みを聞く機会をもつべきですが、指導計画に位置付けていますか?」

このように質問をすることで、**具体策がなく、お題目に過ぎない部分を自覚させる**のである。自らを振り返らせる鏡として教務主任が存在すると考えればよいだろう。

学級経営の様子をつかむポイントの一つは、放課後の教室をのぞくことだ。整頓が行き届いている教室は落ち着いた学級づくりができているといってよい。逆に、ロッカーの中に雑然と荷物が残っているような教室は、しまりのない学級経営を思い浮かべてしまう。ときには若手と一緒に教室回りをするとよい。人のアラを探すのではなく、人から学ぶことを押さえたうえで行う。事実を見て学ぶ意義は大きい。

6 教材・補助教材にかかわる仕事術

教材・補助教材に目を配るのも教務主任の重要な仕事である。昨今は、保護者からの徴収金の使用に特に神経をつかわなければならない時代になった。もちろん、これは正しいことである。

中学校では、教科ごとに教材・補助教材の購入希望を出してくるために、合計するとかなりの金額になる。私も、一教科でこれほど必要なのかと問い返した経験がある。あれほど四月当初に使用について確認したのに、三月になって教材室に使われていない補助教材がたくさんあって憤慨したこともあった。**人は、身銭でないと、金銭感覚が鈍りやすい。**教務主任は教材の番人でもありたい。

7 教科書にかかわる仕事術

無償支給であるためか、教科書をぞんざいに扱う子どもが少なからずいる。多額の税金が使われていることも当然知らない。教科書には次のような記載がされている。

「この教科書は、これからの日本を担う皆さんへの期待をこめ、税金によって無償で支給されています。大切に使いましょう」

教務主任も、このことを全職員に確実に伝え、教科書を大切に扱う子どもを育てたい。

また教師の中にも、**教科書の指導書が無償支給だとひどい勘違いをしている**者がいる。値段を聞き、びっくりする。また、教科書観の転換を知らない教師が多い。従来は教科書にあることはすべて教えるのが常識であったが、転換されてからは、教科書に自学自習できるページや個に応じて取り組ませるページを入れるなどの配慮がなされ、より分厚く変化してきている。このことを知らないのだ。「こんなに厚い教科書は一年でとても終わらない」と言っている教師は、「教科書観が変わったことを知りません」と自ら宣言しているようなものだ。教務主任であれば、教科書観の転換を早期に周知徹底させておきたい。

8 教育評価についての提案・運用にかかわる仕事術

教育課程の番人である教務主任は、評価の番人でもある。**教育課程と評価は表裏一体**だからだ。教務主任であれば、評価に精通しておきたい。

本校の教務主任は、ICTを活用して評価を精査している。職員室内で校務支援システムを完備しており、全生徒の成績をデジタルで集中管理している。このシステムを利用して、全生徒の観点別評価と評定の間に、妥当性があるかどうかをチェックする。例えば、観点別評価が同じであるのに、評定が著しく違っている生徒がいないかを調べて、再検討を要する生徒とその教科を一覧にして、全教員に配付している。このことの効果は大きい。その一覧を見ることで、評価のあり方について再確認するよい機会となるからだ。次のように教員に話すとよい。

「保護者から成績について質問を受けるのは、まず担任です。そのときに『私の担当教科ではないのでわかりません』と言うことはできません。保護者は担任なら我が子のことをわかっていてくれると思っています。そのためにもチェック一覧を見て、学級の生徒がいれば、教科担任に確認してください」

成績について無関心な保護者はいない。通知表発行を含めて、細部にまで神経をつかいたい。

6 事務長・事務主査の役割と仕事術

1　事務長・事務主査の役割

事務長・事務主査はすべての事務活動にわたって役割を担う。文部科学省は、事務職員の職務内容について、次のように示している（「学校事務職員の職務内容等について」文部科学省ホームページより）。

事務職員は学校の管理運営の全般にわたる諸種の事務に従事するものである。その職務を一義的に規定することは困難であるが、具体的内容を例示すれば次のようなものが考えられる。

・庶務関係＝校務運営に関する連絡調整、文書の接受発送・整理保存、調査統計、渉外に関すること
・人事関係＝人事異動、勤務記録、出勤簿等、給与・旅費、共済組合その他福利厚生に関すること
・会計関係＝予算の策定・執行、金銭出納、備品・消耗品の出納管理、施設・設備の保全に関すること
・教務関係＝児童生徒の学籍、転出入、就学援助、教科書給与、給食に関すること

会計関係の事務処理に当たっては、「出納員またはその種の会計職員」として、金銭または物品の出納を行い、もしくは「資金前渡職員」として給与または旅費の支払いを行うことがある。

学校の事情により、さらに広範囲にわたって役割を果たしている場合もあるだろう。

2　職員への伝達力を増すための仕事術

現任校では、朝の打合せで事務職員から連絡がないことは珍しい。事務手続き上のワンポイント説明をしたり、書類の提出を促したりと何かしら連絡がある。

こういった折には、きっちりと伝えるための工夫をしたい。ていねいな説明をすればするほど、よく内容が伝わると思い込んでいる人がいるが、これは大間違いだ。慌ただしい朝の時間には、ていねいな説明はふさわしくない。

短時間で相手にきっちり伝えたいときは、**聞き手の注意を喚起する言葉が重要**になる。

「特殊勤務手当提出は今日までです。出しますよ、という人は手をあげてください」

「集金案内は保護者に必ず渡るようにしてください。どの学級も余分に配付していないので、余りません」

右の例では、「手をあげてください」「余りません」といった言葉で注意を喚起している。単に「今日までです」「…してください」で終わる場合とは印象が大きく異なる。

また、場合によっては個別対応も必要になる。いつも提出が遅れたり、ギリギリになったりする職員には、「にっこり笑ってあらかじめ請求しておく」を心がけるといい。事務長・事務主査のもとには指導すべき事務主事が置かれていることが多い。予想して一歩先に動くことを伝授しておきたい。一人の未提出者があるためにその書類が処理できないことは多々ある。それを防ぐことも大切な仕事だ。

3　事務長、事務主査の立場から学校経営に参画する仕事術

企画委員会（運営委員会）のメンバーに事務長・事務主査が入っているだろうか。また、リーダー的な立場

でない事務主事であっても、企画委員会に所属させるべきだ。もしも入っていない場合は、事務長・事務主査は所属する必要があることを管理職に強く訴えるべきだ。

校務分掌の事務活動組織を見ると、実に多くの仕事が事務職員のみで行うように決められていることがわかる。つまりは専門職であるということだ。その専門職が企画委員会に所属していないということは、学校経営上にも差し障りが生じる可能性が高いということだ。もし、差し障りがないのであれば、事務長や事務主査が真の仕事をしていないと考えた方がいい。

特に予算の適切な執行という面で欠くことができない企画委員会のメンバーである。我が校の事務職員は、学校行事や集会にもできる限り参加している。「我が職には関係ないこと」という姿勢ではなく、**実際を知っていることがまずもって大切である**という見識である。学校経営に参画する意識をしっかりもっていることの表れだ。したがって、企画委員会で学校行事の詳細について提案があっても、実際に目にしているので、提案そのものをよく理解している。ときには行事にかかわる物品購入について意見を述べたり、事務職員の立場から案を出したりすることもある。

4　電話対応にかかわる仕事術

事務職員は、立場上職員室にいることが多いため、電話対応をする機会も多い。この**電話対応一つで学校が評価される**ので、マナーをしっかり身に付けておきたい。以下は一般的な電話対応のマナーだ。

積極的に電話に出る

電話が鳴ったら、三コール以内に出る。それ以上鳴った場合は「お待たせしました」と言う。

気持ちのよいあいさつをする

心を込めて「おはようございます」「こんにちは」などのあいさつをする。「いつもお世話になります」といったあいさつも大切にしたい。

所属と名前をはっきり伝える

これをするかしないかでも相手が受ける印象はかなり違う。

電話でも笑顔で対応する

電話においても笑顔で対応することを心がける。ぞんざいな態度は、顔の見えない相手にも伝わると肝に銘じておくべきである。

終わりのあいさつもしっかりとする

電話を切るときは、「失礼いたします」と言って、そっと受話器を置く。「ガチャッ」と大きな音を立てて切るのは厳禁である。

5　消耗品を適切に管理するための仕事術

居心地のよい職員室には、必要な物品や消耗品が常にきちんと補充されている。例えば、印刷の途中でインク切れを起こしても、印刷機の横にインクが置かれており、間を開けることなく作業ができるのは、事務長や事務主査が日々の仕事点検項目にインクの在庫確認を入れているからだ。

朝、昼、帰り、いずれでもよい。印刷機の横を意図的に通ることを習慣化すればよい。消耗品を適切に管理するには、このような**チェックのルーティン化**が必須だ。

❼主幹教諭の役割と仕事術

1　主幹教諭の役割

主幹教諭は、法的には平成一九年の「学校教育法等の一部を改正する法律」で定められて、置くことができるとされた職である。「校長、副校長及び教頭を助け、命を受けて校務の一部を整理し、並びに児童の教育をつかさどる」とされている。

したがって、校長、副校長及び教頭の考え方によって、主幹教諭の役割は異なってくる。ここでは一般的に役割とされる事柄をあげておく。

- ●職員会議の内容決定と司会・進行
- ●校長、副校長及び教頭と他の職員の間の調整
- ●事務主査、栄養教諭、用務員、カウンセラーなど一人職との連携
- ●市町村教育委員会への施設・設備に関する要望のとりまとめ
- ●教務主任、研究主任と連携した授業力向上施策の実施
- ●保護者や地域からの苦情対応

2　職員会議の内容決定と司会・進行にかかわる仕事術

職員会議は、教務主任が立案する年間計画にあらかじめ位置付けられていることだろう。さらに、**四月当初に年間の職員会議の議題一覧をつくり、提案する**ことをおすすめしたい。明日が職員会議と気付いたが、今から議題提案の依頼や確認はできないという事態を避けるためにも、年度当初に一年間の見通しを立てておきたい。

決めておくのは、職員会議ごとの議題とその提案者一覧である。職員会議当日は、議題一覧を提示し、協議時間の目途を示しておくとよい。時間を決めるときは、会議全体にかけることができる時間を議題数でわって算出すべきである。提案者に必要な時間を聞いて設定すると、予定時間をはるかにオーバーする会議になってしまうことが少なくない。

司会進行のコツは、論点をはっきりさせることだ。

「〇の方がよいという意見と□の方がよい意見が出ました。それぞれ理由を整理したいと思います。（理由説明後に）このことを基に意見を述べてください」

若手教師に司会進行の見本を見せるつもりで行いたい。もっとも、職員会議は校長が最終判断をするための補助機関であることを忘れてはならない。

また、「職員会議は、教職員の職場における研修の場でもあり、教育課程改訂の趣旨、指導方法、生徒指導上の課題等を話し合う中で、教職員個々の実践的指導力を高め、共通理解を図るとともに、学校全体としての教育力を向上させることも大きな役割」であると説明している教育委員会もある。

このように定義されていれば、司会進行をする主幹は、ますます他の模範とならなければいけない。

3 校長、副校長及び教頭と他の職員の間の調整を図るための仕事術……………

主幹教諭が様々な職員との「つなぎ役」として機能していると、管理職は安心できる。直接声が届かなくとも主幹教諭を介して職員の気持ちを受け止めることができるからである。主幹教諭には、扇の要のように職員を一つにまとめようという意識が必要だ。

では、どうすれば扇の要になることができるのか。職員の個性や構成によるところも大きいだろうが、普遍的なこともある。それは、**目配り、心配りによるコミュニケーション**だ。目配りとは日ごろからいかに職員を見ているかということだ。疲れた表情であれば、ひと声かける。これだけでもその職員との結びつきは強くなるはずだ。心配りは、例えば集会でよい話をした職員がいれば、「いい話でしたね」と一言伝えることができるかどうかといったことだ。

4 事務職員、養護教諭、栄養教諭、用務員、カウンセラーなど一人職との連携を図るための仕事術…

いわゆる一人職との連携を図ることも主幹教諭が中心になるとよい。

ポイントは一つ。**相手の仕事に関心をもつ**ことだ。

例えば、我が校の栄養教諭は食育コーナーの掲示物を毎月刷新する。十二か月、一度として同じ掲示はない。こうした仕事をしている身になってみるとよい。きっと掲示物への感想がほしいに違いない。

「今月はこうきましたか。なるほど。今回も子どもが足を止めて眺めますね」

などと一言伝える。目配り、心配りだ。

また、養護教諭が職員室に戻ることがほとんどない日がある。翌日に次のような声かけをする。

「昨日は忙しかったようですね。保健室は満員御礼状態でしたか?」

昨日の様子を聞きながら、労を労いたい。

事務職員には、消耗品や備品の管理に気を配ってくれていることへ次のような言葉で感謝を示したい。

「いつも印刷インクが途切れないのは、きちんと管理をしていただいているおかげです。皆さん、当たり前すぎて気付いていないのが申し訳ない」

用務員には、来校者の予定を伝えながら、

「今日も一四時に来校者があります。いつも温かいおいしいお茶をありがとうございます」

などと、一言添えたい。来校者の予定のみを伝える場合と比べると、伝わり方がまったく違う。

週に一度の出勤者であるカウンセラーなどには、特に心配りをしたい。あちこちの学校に出かけている立場だと、所属感をもてず、寂しい思いをしているかもしれない。

「午前中の相談者はいかがでしたか?」

個人情報をたくさん抱えているので、当然であるが抽象的な会話となる。それでも職員と何気ない会話ができる学校とそうでない学校とでは、印象がかなり違う。主幹教諭が率先して見本を見せたい。

5　市町村教育委員会への施設・設備に関する要望のとりまとめにかかわる仕事術…………

どの地域においても、管理監督している市町村教育委員会から学校への訪問があり、施設・設備等の要望を直接聞く機会が設けられているのではないだろうか。一般的にはヒアリングと言われるものだ。

その際に的を射た要望ができる学校とそうでない学校とでは、実現度に違いが生じてくるのは、だれもが納得することだろう。主幹教諭は、このヒアリングのとりまとめ役として力を発揮したい。前述のように職員の

「つなぎ役」として機能していれば、必然的に学校施設に関しても多くの声を耳にしているはずだからだ。

市町村教育委員会への提出書類は書式が決められているだろうが、別添資料に工夫を加えたい。というのも、教育委員会の担当者は現地でのヒアリングでその状況をつかむ。これを全小中学校で行うわけだ。数十校もあると、徐々に情報整理がつかなくなることは容易に想像できる。学校から提出された文書を基に施設等改善の優先順位が決定されているのだろうが、学校の状況が容易に想起できる資料提供をしておくと、担当者が上司に的確に説明できることから、優先順位が高くなる可能性がある。

別添資料作成のコツは、**改善の必要度がよく伝わるようにする**ことだ。例えば、この場所ではこのような事態が発生して、子どもがけがをする可能性がある、ということが伝わる写真を提示したことがある。おそらく資料に訴える力があったのだろう。すぐに改善された。

相手の仕事量を考えて、具体的な改善案を示した資料を用意することも有効だ。相手はプロであるので、現場教師が考える案では配慮が足りないものになるかもしれないが、この学校はここまで準備していたという事実は、訴える力がある。

要望が叶った場合は担当者に一言お礼を伝えたい。業務上でのことではあるが、やはりうれしいものである。

6 教務主任、研究主任と連携した授業力向上施策にかかわる仕事術

授業力向上という目標を否定する教師はいない。しかし、ではそのためにすべての教師が相応の努力をしているのか、ということになると、話は違ってくる。教務主任、研究主任の中には、そのような職員へのいらだちをもちながらも苦言を呈することができず、悩んでいる人が少なくないのではないだろうか。主幹教諭はそのような主任に寄り添いたい。例として授業力向上のことを取り上げているが、それぞれの主任が取り組んで

いる仕事を見ながら、寄り添う気持ちをもち続けたい。

授業力向上策はいろいろあるが、ここでは効果的な授業検討法について二つの方法を紹介する。授業検討会を実施するうえでの参考にしていただきたい。

3+1（スリー・プラス・ワン）

授業検討会では、ベテランが先に意見を述べると、それに全体が引きずられがちだ。「ベテランがそう言われるのなら、自分は言うことはない」と消極的になってしまう若手教師も多いだろう。また、批判的な意見ばかりが続いて、授業提供者のよさがクローズアップできずに終わることもある。こうしたことを解消するために生み出した検討法が、この「3+1」だ。

授業検討にあたって、五、六人程度のグループに分ける。年代が偏らないようにするとよい。そのグループで今日の授業について話し合う時間を設定する。よくあることだが、授業者がはじめに反省の弁を述べることはしない。いきなりグループになって話し合いを始める。

その際に、よかった点を三つ、改善するとよい点を一つ、グループでまとめるようにする。どのような観点でもよい。授業観察をしていてよかったと思うことを各自であげて、それを三つに集約する。同様に改善するとよいと思うことを出し合い、一つに集約する。

この方法のよい点は、**経験にかかわらず意見が言えること、逆に黙って聞いていることはできないこと**である。また、よい点を出すわけなので、気軽に意見が言いやすい。グループが5つあると、いいことが3×5＝15も出されることになる。他人から学ぶことのよさの見える化ができる。

よい点、要改善点は各グループで模造紙に書き表すように指示しておく。グループの話し合い後は発表を行う。発表者はそのグループの一番の若手と指定しておくとよい。若手にとっては、グループで出された意見を集約して発表するよい経験となる。

各グループの意見をまとめる必要はない。最後に授業者にグループ発表を聞いた後の感想や授業の反省を述べてもらい検討会を終了する。一時間程度で良質な検討会ができる。

3シーン検討法

この検討法を実施するためには、授業を録画しておく必要がある。

授業検討会は、録画された授業を全員で見ることから始める。実際に授業を見ていなくても参加できる。授業はすべてを見る必要はない。授業開始から二〇分でもよい。後半二五分でもよい。途中の三〇分でもよい。見直す箇所は司会者が決めればよい。**多くの参加者が話題としたいと思われる箇所を含めておく**ことが見直す場面を決める際のポイントである。

参加者には録画を見ながら、心が動いたところの時間をメモするように指示しておく。したがって、時間の経過がわかるように大きな時計を用意しておくことが必要である。コンピュータ画面に時計を大きく表示して行うのもよい。

参加者の授業を見る視点は様々だ。「心が動くところ」も多様だ。メモする時間も異なることは確かだ。しかし、だれもの心が動くところがある。「0分から一分の間に心が動いた人は?」「一分から二分の間に心が動いた人は?」…と、挙手を求めていくと、多くの参加者が挙手する時間がある。その上位三つに限って、心が動いた理由の発表を基に授業検討をする。映像があるので、どの場面が話題となっているのかがよくわかり、具体的な意見が出てくる。

7 保護者や地域からの苦情対応術

多くの学校現場が抱えている課題が、学校外からの苦情対応である。私も、県教育委員会に勤めていたときに苦情対応係になったことがあり、対応の難しさを身に染みて感じた。

経験から言うと、**まずはすべてを受け入れるつもりで傾聴する**ことだ。腹が立つことを言われることもあるが、それに反論していても話は先に進まない。

傾聴するうえでのコツは、相手の主張のポイントを復唱することだ。

「なるほど。○について理解できないということですね」

「そうですか。△の対応がよくないということですね」

といった具合だ。相手によく話を聞いてくれているという印象をもってもらうことができる。もちろん、全てを認めているということにはならない。

「よく言っていただきました。ありがとうございました」

と、連絡していただいたことに対する感謝の言葉も大切だ。

相手が落ち着いたところで、このことに対しての対応を決める。

「わかりました。管理職に相談します。ご返答をしますので連絡先を教えてください」

「担当者からすぐに連絡を入れますので、しばらくお待ちください」

など、具体的に話すことが大切である。多くの場合、即答はせず、いったん引き取って何人かで対応を考えた方がよい。

8 教頭の役割と仕事術

1 教頭の役割

学校教育法においては、「教頭は、校長を助け、校務を整理し、及び必要に応じ児童（生徒）の教育をつかさどる」「教頭は、校長に事故があるときは校長の職務を代理し、校長が欠けたときは校長の職務を行う」とされている。このことから、教頭には次のような役割（仕事や姿勢）がある。

●校長の方針、考え方、性格をよく理解し、その補佐役として、誠実かつ敬意をもって接する。
●校長への意見具申を積極的に行う。
●職員に対して、「人間的にはあたたかく、仕事には厳しく」。
●服務・勤務に関して、常識・慣例で済ますことなく、法律・規則・条例を踏まえる。
●校内を巡視し、授業の様子、子どもの動き、施設・設備などを確認する。
●校務運営を円滑に進めるために行政との連携、意思疎通を図る。
●事故、事件の発生を予測し、対応の仕方を常に意識する。
●出張の機会をバランスよく、公平に与え、研修・研究会も年間計画を作成し、公平になるように心がける。
●役員に事前の伝達を十分に行うなど、ＰＴＡ事業の実施に当たって周到な準備をする。

このように教頭の仕事や心得を書き出すとキリがない。

2　校長の補佐役としての仕事術

教頭の最重要の仕事と言えば、校長の補佐に尽きる。校長の方針、考え方、性格を理解するコツを示しておこう。

まずは、**校長とよく会話をすること**だ。とはいえ、これは校長の性格によるところが大きい。話し好きだといいが、孤独を愛するタイプの校長とは会話は弾まないかもしれない。もっとも、会話といっても雑談ばかりを重ねているようでは、職員から冷ややかな目で見られても仕方ない。小声で話しているつもりでも、他人には結構聞こえているものだ。

例えば、四月早々に校長は教育目標や重点目標を掲げる。そのときがチャンスだ。校長が考える学校を実現させるためには、まず教頭が校長の思いを理解しておかないといけない。一番身近にいる教頭が理解不十分では、職員の理解が進むわけはない。教育目標を一つひとつなぞって聞くのは大人気ないが、教頭自身が語れるようにしておくためには、校長に質問をするなどして理解しておきたい。

「地域から愛される学校づくりというフレーズはいいですね。柔らかい表現で耳あたりがよくて覚えやすいと思います」

このように表現すれば、校長は単に「ありがとう」という一言で済まさないだろう。

「愛されるという言葉には、地域の皆さんからたくさんほめられる学校にしたいという思いを込めたのだよ」

と返ってきたら、

「地域懇談会の折にお願いしておきます。地域での子どもたちの様子で気付かれたことはぜひ連絡してくだ

さいと。眉をひそめることはもちろん、このようなよい行動がありましたよ、と伝えていただけるとありがたいですね」

などど、自分の補佐役としての動きを校長に語るとよい。安心できる会話だ。

私が教頭だったときには、他校で発生したトラブルを例にして校長の考えを聞いたことがあった。

「集金をまったく出していない家庭の生徒を修学旅行に連れていかなかったという学校がありました。もし、我が校で同様の家庭があったら、どうされますか?」

と質問して、校長の考えを確認した。自校で問題が起こってからではなく、起こりそうな問題に対する校長の考えをあらかじめ聞いておこうというわけだ。

校長の補佐役が果たせず、激しく怒られたこともあった。生徒指導上の問題で保護者が来校することになったが、校長は生憎出張が入っており、教頭が代わりに保護者と会うようにと指示を受けていた。

保護者が帰る前に校長の代理として会おうと控えていたが、生徒指導主任が保護者に事情を詳しく説明したところ、よく理解していただいたとのことだったので、改めて会う必要はないと判断してしまった。ところが、保護者は「これだけのことが起こったのに、校長は顔さえ出さなかった。なんという校長だ」とあちこちで吹聴したようで、このことを知った校長から指示に従わなかったことを厳しく叱責された。校長職の重みと校長の補佐としての役割の重要性を実感することとなった出来事だ。

3　校長への意見具申を積極的に行うための仕事術

教頭が校長に意見を述べることは控えるべきだという向きもある。しかし、職員室を学級とすると、教頭は学級担任であり、職員の思うことは、校長以上に把握しているはずだ。したがって、意見具申はもちろんのこと、職員から得た情報は積極的に校長に伝えたい。

「校長先生、職員の更衣室がとても手狭になってきています。安全衛生委員会の折に産業医に見ていただき、意見を求めたいと思います。特に照度や室温についての判断を仰ぎ、教育委員会へ伝えたいと思いますが、いかがでしょうか?」

更衣室まで目が行き届く校長はまれである。職員室にいる教頭だからこそ、職員が不便に感じている声を聞き、把握できる。こうしたことを具申する教頭の存在は大きい。

「○先生が、昨日の日曜日の部活動中、参観に来ていた保護者から、かなりきつい口調で何かしら言われていたと聞きましたので、先ほど本人に確認しました。顧問の言葉づかいについて抗議があったとのことでした。○先生自身もその指摘には納得できたとのことでした。校長先生からも機会を見て、本人に一言ご指導をいただけるとありがたく思います」

このような動きができるのは優秀な教頭の証だ。校長に具申する前に、本人に確認し、指導をしている。**具申の「具」は、具体的の「具」**であると考えておくとよい。抽象的な進言であってはならない。

4 「人間的にはあたたかく、仕事には厳しく」を基本とした仕事術

「人間的にはあたたかく、仕事には厳しく」は、教頭の基本姿勢である。前項に記したように、教頭は職員一人ひとりの担任であり、組織を機能させる要だ。

学級担任時代を思い出すとよい。まずは、子どもとかかわりをもつことに努力したのではないか。子どもとの関係をつくったうえでの指導だからこそ、子どもの心に届くことを経験したのではないか。学級で存在感を発揮させるために、子ども一人ひとりに役割をもたせたのではないか。個々の取り組みを見守り、評価をした

のではないか。役割がしっかり果たせない場合は、指導を重ね、やり遂げることの大切さを教えたのではないか。

右の文章の「子ども」を「職員」にそのまま置き換えて読み直してほしい。教頭の職員への基本姿勢そのものである。

また、学級担任が子どもをしかるとき、その行動や言動から醸し出されるものに人間的なあたたかさがあるかどうか。子どもは鋭敏なので、ほんのちょっとした担任の行動や言動から人間性を読み取る。

職員室においても同様である。教頭として職員を指導するのは当然だ。そのときに教頭のその姿を多くの職員が見ていることを忘れてはならない。このことを踏まえると、**「厳しい指導は別室で個人的に、人間的なあたたかさを発揮できる指導は職員室で」**という意識をもちたい。

5　法律・規則・条例を踏まえた仕事術

教頭職となると、長年の教員経験から、服務・勤務の在り方の基本的な事項は十分にわかっているはずだ。質問を受けても即答できるに違いない。

しかし、ときどき、自分が判断している根拠を自問してみるとよい。「前任校でそうであったから」「以前に仕えた校長がそう言ったから」など、根拠が曖昧なことはないだろうか。

そういったことにならないよう、**常に法律・規則・条例に照らして判断する**ことを意識したい。現在では、インターネットで検索することで容易に地方公務員法なども見ることができる。検索機能を使うと、従来のような分厚い文書から該当箇所を探し出す苦労もない。

6　校内の状況を把握するための仕事術

大変有効な方法がある。**カメラを持って校内巡視をする**とよい。授業のワンシーンを撮影したり、子どもたちのいきいきとした姿を撮影する。そして、それらを学校ホームページの発信材料とするのだ。

次は、ある教頭の言葉だ。

「この学校に来て、学校ホームページの記事作成を行うようになりました。以前の学校でも校内巡視をしていましたが、いったい何を見ていたのだろうかと思います。カメラを持って校内巡視をしていると、被写体を探します。すると、以前よりも授業の様子や子どもの様子をよく見るようになりました。校内施設にも目がいきます。昨日はここには傷がなかったはずだ、この傷は今日できたものだ、と確信をもって言えるようにもなりました」

この言葉を発した教頭は、実に細かな点にも目がいく人だった。会話をしていると、具体的な話がどんどん出てくる。それだけ校内の状況をよく見ているということだ。カメラを持っての校内巡視は本当におすすめだ。

7　行政との連携、意思疎通を図るための仕事術

教頭職となると、教育行政と連携をとることが仕事の一つとなる。私が心がけたのは、**できるだけ早い時期に、主に学校との窓口になる担当者や自分の業務に関連する担当者（例えば、生涯学習課担当、警察署内地域安全課担当）を訪問する**ことだ。こちらから足を運んで直接文書を渡したり、報告したりした。相手にこちらの人となりを知ってもらうためだ。

メールや電話で事が済む時代である。わざわざ出向くのは無駄だと思うことだろう。しかし、メールや電話

ばかりでは、相手の表情がわからない。「お世話になります」という気持ちを伝えるためにも、一度は相手を訪問しておきたい。それ以後は、電話をしていても、相手の顔が浮かび、意思疎通が図りやすいものだ。

8 事故、事件の発生を予測する力、対応力を磨く仕事術

有事に強い教頭がいると、安心して校長は出張ができる。人柄がよくても、有事に弱い教頭であると、学校を空けることが心配でならない。事故、事件はいつ発生するかわからないからだ。

有事に強い教頭には特徴がある。それは、**様々な事故、事件の事例とその対応をよく知っている**ということだ。実際、意図的に事例を集めている教頭がいたが、事が起こったときに、多くの引き出しをもっているので、目の前で発生している事柄を事例データベースと照らし合わせながら対応でき、大きな失敗がない。

事故、事件が発生した場合に一番大切なことは、最初のボタン掛けである。はじめに違う穴にボタンをかけてしまうと、事がより大きくなってしまうことがある。予測力、対応力を磨くには、アンテナを高く、ネットワークを広くして、事例を集めることだ。

9 出張の機会をバランスよく、公平に与えるための仕事術

何事も偏りがあると不平が出てくるものである。校務分掌によって、出張の回数が異なってくるのはある程度致し方ない。しかし、研修会参加などは、特定の職員に偏ることがないようにしたい。

そこで、市内の教頭で申し合わせ、「研修カード」を作成したことがある。これは、**赴任校すべてでの研修記録（月日、研修先を記録）が掲載されたカード**である。このカードの記述を見ながら、職員に研修の機会を割り振っていた。公平な割り振り方で不平が出たことはなかった。過去の研修記録を基に公明正大に割り振る

ことができるからだ。

10　ＰＴＡ事業を滞りなく充実させるための仕事術

ＰＴＡ事業は、ＰＴＡ役員との連携なしには前に進めることができない。**各種会合の前に、役員に概要を伝え、それぞれの役割を伝達する**とよい。

役員が事情をわかっていないと、会議の進行一つにしても、無駄な間が生まれ、ダラダラ感が生じる。無理をして学校に出向いているＰＴＡ委員から、不満が出ることにも通じる。教頭が司会進行を行った方がスムーズな場合が多いが、それではＰＴＡ役員は育たない。事前の打ち合せを行い、ＰＴＡ役員を育てることに尽力したい。

また、創造的な仕事をＰＴＡ役員とつくり出すことを目指したい。我が校では、子どもの間でＬＩＮＥによるトラブルが発生することが多く、ＰＴＡ役員も子どもたちのネットの世界での出来事をとても心配していた。課題の共有化が図れたことがきっかけとなり、教頭の助言もあって、ＰＴＡ役員が「ゲーム機・スマホを知ろう！　子どもを守るためのしゃべり場」という研修会を開催することになった。与えられた事業をこなすＰＴＡではなく、自ら働きかけるＰＴＡの勢いはすばらしいものだった。

9 校長の役割と仕事術

1 校長の役割

学校教育法において、「校長は、校務をつかさどり、所属職員を監督する」という役割が明示されている。「つかさどる」とは古典的な言葉だ。広辞苑によれば「支配する・統率する」という意味で、様々な校務の総責任者であると読み替えることができる。

校長の役割をあげ始めたらキリがない。ここでは、特に新任校長に役立つ仕事術をできるだけ多く示すことにする。

2 所属職員を監督するための仕事術(1)

学校経営方針の一つとして、職員のあり方・心得をしっかりと示しておきたい。私は**「伝える」「危機意識をもつ」「信用失墜行為厳禁」**の三項目を示している。

伝える

①問題は一人で抱え込まない。担任だけで抱え込まない。学年だけで抱え込まない。

抱え込むあなたを見て、一人でがんばろうとする偉い人だとはだれも思わない。問題を早めに共有しよう。

②小まめな報告・連絡・相談を

問題を校長や教頭に小まめに伝えてほしい。管理職に伝えていれば、管理職の責任になる。管理職手当は、話を聞いて責任を取るために払われている。

③小さなことを小さなうちに伝える

大きな問題は、解決にかなりのエネルギーがいる。小さな問題ならエネルギーも少なくて済む。

④誠意はスピード

時間が経つと誠意は伝わらない。対応が遅いことで新たな問題が発生する。

危機意識をもつ

⑤「いつもこうだからまあいいか、ささいなことだからまあいいか」の禁止

こうした「まあいいか」に危険が潜む。

⑥自分の目で見て、耳で聞いて、肌で触れて、自分で判断する

人から聞いたことだけで判断しない。まずは足を運び自分の目で見る。

⑦保護者対応のポイントは初期対応に尽きる

初期対応のまずさが保護者をクレーマーに変化させる。「負けてはいかん。しかし、勝ちすぎてはいかん」

⑧記録は口ほどにものを言う

信用失墜行為厳禁

⑨信用失墜行為は一人だけの問題（処分）ならず

⑩**人権を傷つける言葉も体罰**

職員室内でも子どもの人権を傷つける言葉は発してならない。子どもの前でも出てしまう。

⑪**生徒への個人連絡禁止**

生徒との私的メールのやりとりは危険。どう使われるかわからない。

⑫**交通違反禁止**

過度のスピード違反も懲戒の対象。

3　所属職員を監督するための仕事術(2)

職員一人ひとりのことを把握するために、また数年先の学校経営を考えるために、**職員のデータベース**を作成したい。

私はエクセルを活用して、次の項目情報を入力している。いずれも履歴書から得ることができる。

氏名・ふりがな・性別

氏名をフルネームで言えることが大切。間違えるのはとても失礼で、はずかしいことだ。

年齢・採用年・教員歴

他業種から教員に転職してくる職員も少なくない。年齢と教員歴に差がある職員がいるので注意したい。

赴任年月日・自校勤務年数

人事異動を考えるうえでの重要データだ。例えば愛知県の場合、原則、新任から六年経つと異動対象となる。また同一校一〇年勤務も同様だ。おそらく他地域も大きな違いはないと思うが、いずれにしても勤務年数は異動を左右する要素の一つになっているはずだ。ベテラン教師の場合、定年退職までの年数に鑑みて、異動のタイミングを本人と相談することも校長の大切な役割となる。

免許

取得免許を記録しておく。小免・中免（教科名）・司書、免許更新年度も加えておくとよい。

歴任校

初任からの勤務校を在籍年数とともに記録しておく。愛知県の場合、小中学校間の異動は珍しいことではない。小中の在籍年数比が、その職員の教育観を形成していると感じることもある。

作成したデータベースを基に男女別年齢構成図をつくるとよい。エクセルの一つの縦列を年齢表示列として、定年の六〇歳から一つずつ数値を減らしながら二〇歳まで記入する。その列の左側は男性、右側は女性の人数を表すとする。四三歳の男性が一人いれば、四三歳の行の左側の一つのセルの色を変える。短時間で人口ピラミッドのような年齢構成図ができあがる。

この資料からは、例えば、今後三年で男性が四人定年退職し年齢比や男女比のバランスが崩れる、といったことがわかるので、教育委員会に早めに異動を具申するなど人事に役立てることができる。

4　所属職員を監督するための仕事術(3)

校長も人間である。苦手なタイプの職員もいるはずだ。しかし、職員を監督することは重要な仕事だ。私には次のような苦い思い出がある。職員との関係づくりの参考にしていただきたい。

新任校長として落ち着かない日々を送っていた四月後半、ベテラン女性教師から厳しい言葉を浴びせられた。苦手なタイプからの言葉で、心に突き刺さった。

「校長は大変ですよね。学校は会社規模でいえば中小企業。今や中小企業の社長で、社長室にデーンと座っている方はいないでしょう。社長自ら動かなくては、会社は回りませんからね」

もちろん、それまで校長室にこもってばかりいたわけではない。まったく動いていないような言葉に腹が立った。この職員は、どうしてこのようなことを私に伝えたのだろうかと改めて考えてみた。

この職員は、職員会議等で何事もズバズバ指摘することが多い。年齢差もあり、敬遠しがちだったのは確かだ。会話らしい会話もそれまでしたことがなかった。そこで気が付いたのが、「校長先生。あなたは私たち全員に目を配っていますか」と、暗に言いたかったのではないかということだ。

私の人生訓の一つに「苦手意識をもっている相手こそ、自ら飛び込んでいけ」がある。これを心して、その職員に授業参観を申し出た。突然のことに驚いたようだが、「どうぞ」と快諾を得た。

授業を見て驚いた。毎時間、授業のはじめに国語科通信が配付されているのだ。その通信には、生徒の発言を基に、前時の授業の流れが再現してあった。生徒の授業感想もあった。生徒の心を豊かにする格言やおすすめ書籍紹介もあった。週四時間、四クラスを担当しているので、毎週一六枚の授業通信を発行していることがわかった。あの有名な国語教師・大村はまを彷彿させる実践をされていたのだ。

この職員は図書室担当で、授業後は職員室に戻らず、図書室で執務をしていることが多い。したがって、職員室不在が多く、会話のチャンスがなかった。

授業後、図書室に足を運んだ。国語教師らしく、毛筆で読書案内を表示するなど、手作りの温かみある読書環境が整えられていた。掲示物からも豊かな活動がされている様子が見てとれた。ちょうど読み聞かせ会の準備中でもあった。中学校の図書室は利用率が低いと言われるが、本校の利用率が高い理由がよくわかった。

考えてみると、**「私はこのような取り組みをしています」とわざわざ校長に報告に来る職員はいない。**だからこそ、校長はすべての職員にしっかりと目を配るべきだ。そのことを改めてこの一件から学んだ。地道に充実した教育活動を重ねている教師がいることを知らずして、校長とは言えない。

5 校務をつかさどる仕事術(1)

校長が校務を直接行うことは少ない。先に述べたように校務の総責任者だからだ。したがって、気を配るべきところは、校務分掌のあり方だ。校長として校務分掌をチェックするときのポイントを示す。

チェックポイントは、**「この分掌にこれだけの人数が必要かどうか」を判断すること。**この一点である。

職員がまず分掌案の何に注目するかというと、先頭にだれの名前が書かれているか、ということだ。自分の名前が先頭に書かれていれば大きな責任を感じるが、二番目以降であれば分掌名すら忘れてしまうような職員もいるのだ。

だから、(分掌の内容を吟味する必要は当然あるが)基本的には一分掌の担当人数は一人でよい。「一役一人制」だ。教育行政に身を置いたことがあるが、行政はまさに「一役一人制」の組織だ。この仕事はだれの仕事であるのかが明確で、責任の所在がはっきりしている。したがって、その担当者が取り組まなければその仕事は滞ったままになる。「一役一人制」であれば、会議を開く必要もなくなる。一人で考え、一人で仕事をしていけばよいからだ。

提案された校務分掌案を見ながら、各分掌に配置された人員の必要性を考えてみるとよい。この視点をもつだけで、赴任したばかりであっても組織案が異なって見えてくる。一か所でよいので、案作成者に「この分掌に三人も必要なのか？」と聞くとよい。複数配置をしなければならないはっきりした理由がないのなら、担当を一人にして責任を明確にさせた方がよい。

6 校務をつかさどる仕事術(2)

子どもの学校生活の大半を占める授業に対して、その充実を求めない校長はいない。では、校長自身はどのように動くべきか。その具体例をいくつか紹介する。

教頭や主幹、教務主任、研究主任らと授業についての学習会を行う

学校運営の中心者となるメンバーでの共通理解を図るために行う。本校では、「学びの共同体」の理論を根底に置き、長年にわたって授業づくりをしてきたが、所属メンバーの入れ替わりが続き、当初の理論が風化している状態であった。そのため、校長が率先して学習会を開くことを提案し、「学びの共同体」の理論から確認し、本校の実態に照らして、どこに重点を置いて授業づくりを進めるかをテーマに話し合いをもった。これを受けて、主幹が職員会議でこれからの授業づくりの指針を示した。

若い教師にも伝わる授業づくり劇を創作、発表する。

伝達するための手法は様々あることがわかっていながら、ともすると文書による説明に終始しているのが学校である。そういった状況に一石を投じる意味も込めて、若い教師にも伝わる授業づくり劇を創作し発表したことがある。

例えば、授業では教師が話す場面を極力減らし、子どもの発言をつなぎながら授業のねらいに迫ることが大切であるが、具体的にどのようにすることかを理解していない職員もいる。そこで、子どもの発言をつないでいる場合とつないでいない場合が明確にわかる三分間ほどの劇をつくった。役者は数人の若い教師である。演技指導をしながら、若い教師に授業について学ばせることも意図した。

そのほか、挙手している子どもばかりで展開する授業と全員を巻き込んでいる授業が対比できるシーンを演じたり、子どもの発言に引きずられて焦点がぼけてしまうシーンを演じたりしながら、授業づくりの核心に迫る劇を職員とともに創作し演じた。楽しく本質を学ぶことができる手法の一つである。

カメラを持って授業訪問をする

職員には四月早々に、

「授業を見させてほしい。邪魔はしないので授業場面、特に子どもの姿をカメラで撮らせてほしい」

と伝えている。

カメラを持参するのは、学校ホームページに掲載するためだ。現任校では「鍛える、学び合う学び」を授業づくりのテーマとしており、学校ホームページにそのテーマに添っていると感じられる授業写真を掲載している。カメラを持参するメリットは大きい。授業訪問の意識が違ってくるからだ。被写体を探す意識は、授業観察の意識を高めることにつながっているのだ。

授業後、ほんの一言の場合が多いが、授業者に感想を述べることにしている。

「あの発問はいいねえ。得意な生徒の顔つきも変わったよ」

「切り返しがよかったね。あれでみんながより真剣になったね」

「子どもの発言をコンパクトに板書する技術が抜群だね」

など、授業者のよいところを中心に一言述べている。大したことではないが、校長が授業を大切にしていることを職員に意識してもらうことができる有効な方法である。

おわりに

読み終えてみていかがだろうか?

仕事術の引き出しが増え、「元気な学校をつくろう!」という気持ちは高まっただろうか?

序章において、

「いい学校とは、職員が気持ちよく働くことができる学校である」

と自説を述べた。

現在の勤務校には視察が多い。そういった折に、訪問者の先生方にはありのままの職員室を見ていただくことにしている。

すると、

「元気のいい先生たちばかりですね」

という言葉をいただくことが多い。

これは、チームリーダーの適切な仕事によって、職員が大きなストレスを感じることなく、気持ちよく働いているからだ。

チームリーダーは、仲間のエネルギーを引き出し、「よし、明日もがんばろう」というエネルギーを高めなくてはいけない。そういった一人ひとりのエネルギーの高まりが、職員室の空気を活力あるものに変え、より気持ちよく働くことができる学校に変容させていくのである。

今回も、明治図書の矢口郁雄さんのおかげで、書籍を世に出すことができた。矢口さんには拙著『スペシャリスト直伝！　中学校数学科授業成功の極意』以来、『中学校学級担任必携　通知表所見の文例集』（学年別）、『中学校学級担任必携　生徒指導要録作成の手引き＆総合所見の文例１０８０』『わかる！楽しい！　中学校数学授業のネタ１００』（学年別）等で格別お世話になってきた。

著者がやる気になる企画を提案をしていただいたのが杉浦美南さん、その仕事を確実に引き継ぎ、このように読みやすく、いつも身近に置いておきたいと思える書籍に仕上げていただいたのが矢口さん。まさにお二人の仕事術のおかげで、みなさんの手にとっていただける書籍となったことに改めて感謝したい。

平成二七年三月

玉置　崇

【著者紹介】

玉置　崇（たまおき　たかし）

1956年生まれ。公立小中学校教諭，国立附属中学校教官，中学校教頭，校長，県教育委員会主査，教育事務所長などを経て，現在，愛知県小牧市立小牧中学校長。

文部科学省「教育の情報化に関する手引作成検討会」構成員，「学校教育の情報化に関する懇談会」委員，中央教育審議会専門委員を歴任。

著書に『スペシャリスト直伝！　中学校数学科授業成功の極意』（明治図書，単著），『わかる！楽しい！　中学校数学授業のネタ100　１～３年』（明治図書，編著），『中学校学級担任必携　通知表所見の文例集　１～３年』（明治図書，編著），『玉置流・学校が元気になるICT活用術』（プラネクサス，単著），『「愛される学校」の作り方』（プラネクサス，共著）など，多数。

【本文イラスト】　木村　美穂

学校経営サポートBOOKS

主任から校長まで

学校を元気にするチームリーダーの仕事術

2015年４月初版第１刷刊　©著　者　玉　置　崇

2019年５月初版第６刷刊　発行者　藤　原　久　雄

発行所　明治図書出版株式会社

http://www.meijitosho.co.jp

（企画）杉浦美南（校正）矢口・大内

〒114-0023　東京都北区滝野川7-46-1

振替00160-5-151318　電話03(5907)6701

ご注文窓口　電話03(5907)6668

＊検印省略　組版所　長野印刷商工株式会社

Printed in Japan　ISBN978-4-18-145811-9